Bernanos vivant

R.-L. BRUCKBERGER

Bernanos vivant

Albin Michel

22, rue Huyghens, 75014 Paris

ISBN 2-226-3385-8

A Claude Bernanos,
marquise de Zayas.
Elle a hérité du nom,
mais aussi
de l'âme de son père,
et peut-être
de son secret destin.

« Quelle que soit la part de vérité dont un homme dispose, il ne saurait l'imposer à autrui sans premièrement la faire aimer, et il ne la fera aimer que par les œuvres. »

BERNANOS.

Dans ce livre, je donne des références à l'œuvre de Bernanos. Elles se rapportent toutes à l'édition de la Pléiade intitulée *Essais et Écrits de combat* (1971); à l'exception du chapitre consacré au *Chemin de la Croix-des-Ames* où les citations sont extraites de l'édition dite complète et définitive de ce livre, parue récemment aux Éditions du Rocher.

Toutes les citations de Bernanos faites dans ce livre l'ont été avec la permission expresse de Mme Claude Bernanos de Zayas.

Chexbres, 1988.

1.

SOLITUDE DE BERNANOS

AU ROYAUME des fantômes, c'est grand émoi que de voir apparaître un vivant : il y fait forcément scandale. Mais au lieu de se heurter partout, il ne peut s'appuyer sur rien. L'essence du fantôme est d'être perceptible certes, et encore par éclipses, mais véritablement insaisissable. Dans un monde où tous sont fantômes, pour un homme de chair et de sang assuré de son propre poids, quelle solitude ! Il devrait finir par douter, non seulement de la réalité trop évidente de son corps, mais surtout de l'équilibre de son esprit : il ne peut rester ce qu'il est que si à la fin il prend parti pour sa propre réalité contre l'inconsistance de tous les autres.

Des hommes dans l'espace, enfermés dans leur capsule, sont si éloignés de la Terre qu'ils sont en état d'apesanteur. Quand nous les regardons à la télévision, leurs gestes et leur comportement nous paraissent étranges comme si nous avions affaire à des hommes diminués, débiles : et peut-être le sont-ils en effet ? Peut-être que la pesanteur physique est pour l'homme une condition plus nécessaire qu'il ne le croit. Exprimer seulement cette gêne nous ferait l'effet d'un blasphème, tant, dans nos cœurs, la science — et ses performances techniques — a remplacé la religion et son autorité infaillible. Alors nous nous en tirons par un raisonnement : « Ah, oui ! la pesanteur, la loi de la gravitation universelle, Newton, la pomme ! » C'est d'ailleurs vrai : un pommier chargé de fruits, lâché à vingt kilomètres d'altitude, et qui secouerait ses pommes dans l'espace : chacune de ces pommes, en état d'apesanteur, continuerait de tourner, tourner bêtement et indéfiniment, à des vitesses vertigineuses. Mais personne ne pourrait ni la cueillir, ni la goûter. Tel est le paradis auquel nous aspirons, un paradis construit de main d'homme, où tout est fait pour déraciner l'homme et toute chose autour de lui de leur pesanteur appropriée, où Ève serait dans l'impossibilité de cueillir la pomme et d'apprécier sa saveur. Où la possibilité de pécher elle-même disparaît. Il n'y a plus ni haut, ni bas, les points cardinaux se sont volatilisés, les boussoles n'ont plus d'aimantation.

Imaginez une société entière, dont tous les membres sont en apesanteur, qui en sont fiers, qui célèbrent en chœur cette apesanteur comme l'expression d'une liberté jusqu'à eux inimaginable, d'une souveraineté d'autant plus éclatante qu'elle est à la portée de tous, « démocratique », dont le chant pourrait se traduire ainsi : « Nous sommes tous déboussolés, tourneboulés, nous n'avons plus ni origine, ni direction, ni finalité, ni orientation, peut-être n'avons-nous plus d'identité singulière : admirez comme nous sommes libres, comme notre société est " permissive ", nous voici délivrés de tout dogme, pour la première fois dans la longue histoire de l'homme absolument maîtres de nos destins, c'est-à-dire que nous seuls faisons, formons, défaisons notre destin selon notre fantaisie du moment. »

Au milieu de ce chaos, un homme, un seul, a gardé sa pesanteur. Il pousse le délire et l'obstination jusqu'à refuser de s'en défaire, l'insolence jusqu'à mettre toute sa fierté d'homme dans cette pesanteur devenue « obsolète » comme nous disons aujourd'hui, quel effet cet homme fera-t-il sur tous les autres ? L'effet d'un météore, d'un aérolithe, d'un phénomène inexplicable et fabuleux, un peu terrifiant, impossible à classer, heureusement isolé, transitoire, fugitif comme l'éclair. C'est exactement l'effet qu'en son temps Bernanos a produit au sein de la littérature française. C'est l'impression qu'il donne encore.

Depuis 1926, date où le premier livre de Bernanos a été publié, nous avons fait beaucoup de progrès dans l'exercice de l'apesanteur, dans le conformisme universel au mode de vie de l'apesanteur, nous n'imaginons même plus qu'un personnage puisse encore peser son propre poids, au milieu d'hommes et de femmes qui ont abdiqué le leur, et qui pètent de fierté de l'avoir perdu comme si c'était une supériorité écrasante ; alors que, n'ayant plus de poids, ils sont bien incapables d'écraser quoi que ce soit.

L'intelligence s'accommode sans violence et fort

bien de l'absence de l'autre et en général de l'être. Nous connaissons tous des hommes qui se sont fabriqué un univers clos avec leurs idées, une théorie, un système, des slogans, un verbiage, qui y vivent comme un ver à soie dans son cocon, même si les idées qui constituent ce cocon, la théorie, le système, le verbiage qui le tissent, ne correspondent à rien de réel et sont constamment démentis par les faits, par l'expérience. Mais jamais ne fut amoureux celui qui ne souffre de quelque façon de l'absence de l'être aimé.

Bernanos vivait d'abord et essentiellement d'amour. Romancier, ses créatures ont été conçues dans l'amour, dans une complicité d'amour : c'est pourquoi toutes ont une telle intensité de présence. Nées de l'amour, toutes sont incroyablement vivantes, sont là, indubitablement là ! Dans la littérature, les héros de Balzac ont cette qualité de présence, ceux des *Misérables* aussi, de même la *Phèdre* de Racine, les héros de Dostoïevski. L'intelligence, la maîtrise artisanale de la langue ont trop de part dans la création de l'univers de Stendhal, de Flaubert, de Proust, pour qu'à la lecture on se sente aussi complètement happé et tout à la fois débordé par la présence de leurs héros. Dans notre littérature, Bernanos reste un phénomène isolé parce qu'à l'encontre de presque tous nos écrivains, l'amour chez lui a définitivement pris le pas sur l'art, sur une recherche ou même une simple espérance d'art. C'est peut-être ce qu'il voulait laisser entendre lorsqu'il disait que l'amour doit toujours passer en premier.

Je voudrais en revenir à ma métaphore du début. Il n'y a pas d'expérience humaine plus universelle que celle de la pesanteur. La définition de l'homme le plus primitif s'est élaborée par rapport à la pesanteur : à la différence de tous les autres mammifères, l'homme affronte le monde debout, rien n'est plus émouvant que les efforts d'un petit d'homme pour, dès qu'il le peut, se tenir debout. Mais une telle expérience, aussi universelle soit-elle, à laquelle mon vieux copain le Petit Larousse — qui en sait toujours plus long que mon petit doigt — fait naturellement allusion, fut définie par Newton au XVIIe siècle seulement. Cette loi nous donne une description totale et rassurante du phénomène physique de la pesanteur, elle ne nous avance en rien quant à la connaissance de sa nature, de son origine. Et même aujourd'hui où nous savons dominer les effets de cette loi, nous ne sommes pas plus renseignés sur ce qu'elle désigne.

Saint Augustin n'était pas un savant. Il en savait peut-être plus long que Newton, quand il faisait l'équivalence entre la pesanteur et l'amour : *Amor meus, pondus meum !* — « Mon amour, c'est mon poids. » Bernanos n'a jamais lu ni saint Augustin, ni un quelconque théologien, mais son univers psychique, moral, mental, était tout entier dominé par cette loi de la gravitation universelle des âmes, telle que la suggère saint Augustin. L'amour gouverne le mouvement des âmes comme la pesanteur gouverne le mouvement des corps, au point qu'on est en droit de se demander si la pesanteur physique n'est pas qu'une expression, dégradée dans un monde inférieur, de l'universelle et formidable attraction qui gouverne aussi le monde des esprits. La véracité, le mensonge, le bien, le mal, un Prince du bien et de la vérité, un Prince du mal et du mensonge prouvent alors leur existence et leur action, se définissent par rapport à cette gravitation suprême.

Quand nous y réfléchissons, l'image que la physique moderne nous donne de l'univers matériel où nous sommes plongés, cette image a bien de quoi nous déconcerter et même nous angoisser. Depuis la Renaissance, l'avons-nous voulu, « l'empire de la nature » ! Nous l'avons voulu passionnément, obstinément, frénétiquement. Or tout ce que nous apprenons ne fait qu'accroître notre ignorance, tout ce que nous découvrons agrandit indéfiniment le domaine de l'Inconnu, et par définition l'Inconnu échappe à l'empire. Par l'accroissement incessant de l'Inconnu dans nos vies, serons-nous maintenant forcés de renoncer à l'Empire ? Nous avons daté l'univers matériel, nous savons qu'il a commencé par une explosion de lumière comme l'affirme la *Genèse,* mais la science n'ira pas plus loin. Quelle fut la cause de cette explosion ? La science n'en sait rien et ne le saura jamais. Elle est donc incapable de confirmer, mais encore plus incapable d'infirmer la Révélation de notre *Credo* : « Je crois en un seul Dieu, Père tout-Puissant, qui a fait le ciel et la terre, tout ce qui est visible et ce qui est invisible. » Bernanos acceptait et professait le *Credo* de la foi catholique sans la moindre réticence, avec la gratitude et la certitude d'un enfant de roi sur le domaine de son père. Il savait que le monde de la terre est fait pour les enfants, que les savants ne s'y sentiront jamais tout à fait à l'aise, tout à fait chez eux, parce qu'ils ne peuvent qu'ignorer que l'amour a présidé à sa naissance. A vrai dire, pour mener leurs recherches, ils sont même — ou en tous les cas ont été jusqu'ici — rigoureusement tenus d'ignorer l'amour. Le *Credo* de l'Église catholique était au contraire pour Bernanos un constant réconfort, il le comblait de bonheur. Depuis toujours il savait que son *Credo* lui en apprendrait plus et mieux que ne le feraient toutes les sciences réunies, sur le ciel, bien sûr, mais aussi sur la terre et sur les choses visibles. Bernanos savait que les étoiles sont faites pour nous raconter, dans leur langage, la gloire de Dieu : *Coeli enarrant gloriam Dei.* Que peut demander de plus un petit garçon qui est né poète ?

Bernanos se préoccupait peu du développement des sciences de l'univers. Une fois pour toutes, il savait qu'il en savait plus, même sur l'univers physique, que tous les savants, par ce que lui avait appris le catéchisme catholique sur les origines et la finalité de cet univers. En ce monde comme dans le monde à venir, il était, il serait toujours dans la maison du Père, sa maison, et son Père ne mourrait jamais. Il avait la joie enfantine de ceux à qui tout est donné, sans qu'il ait jamais à craindre de se trouver un jour seul, perdu : tout lui serait indéfiniment donné, et c'est cela la Merveille.

L'empire de la nature, avec l'homme tenant seul le sceptre, lui paraissait une aspiration dérisoire, voire bouffonne, il y flairait l'imposture, l'antique Tentation du Premier Jardin.

Le mythe représentatif de l'idéal moderne de l'empire de la nature, c'est l'homme en apesanteur. Le haut exemplaire du chrétien, c'est un homme qui gravit une colline nommée Golgotha, et qui tombe sous le poids de la croix. Bernanos disait que le Golgotha est le Capitole du chrétien. J'ajoute que la roche Tarpéienne de ce Capitole, c'est le sépulcre de Joseph d'Arimathie, celui de la Résurrection. Cela change tout. Cela inverse tout.

Le mystère de l'homme est celui de sa liberté, cette part inconnue de lui-même, elle-même infinie. Par cette liberté, il a pouvoir d'accepter volontairement sa pesanteur à Dieu, de s'y conformer, d'en vivre, d'en jouir jusqu'à l'ivresse ; ou bien d'y échapper, et jusqu'à un point d'apesanteur. Échapper à sa pesanteur vers Dieu était aux yeux de Bernanos le signe irréfutable du Mal, de l'existence du Prince du Mal, dont le projet est de contrarier, si possible de briser, la force d'attraction que Dieu exerce sur les esprits. Le Diable, son rôle personnalisé d'agent suprême du mal, est une révélation judéo-chrétienne, attestée clairement à l'égal de toutes les autres. Bernanos l'avait intégrée à sa vie, elle lui était aussi présente et stimulatrice que les autres révélations.

Ce n'est pas cette révélation singulière qui a vieilli et qu'il faudrait peut-être remplacer, c'est la représentation qu'on s'en fait. Nos ancêtres du Moyen Age ont inventé un monstre qui frappait les imaginations de l'époque : un homme à tête de bouc, muni d'une longue queue et armé d'une fourche. Aujourd'hui, j'imaginerais plutôt ce Prince du Mal comme le *Cerveau,* ultrasecret et insaisissable, d'un prodigieux réseau terroriste qui aurait pour mission, elle aussi secrète, de poser partout des bombes pour désintégrer les âmes, les faire voler en éclats, les dévier en tout cas de leur pesanteur à Dieu. Il doit y avoir bien d'autres moyens de mettre partout le chaos, ce qui est le propre du Diable. Si l'on veut bien admettre que l'âme, principe de notre dignité et de notre distinction singulière, racine aussi de notre liberté, est susceptible de ressentir l'aimantation à Dieu, son Créateur, de même que notre corps est soumis à l'attraction universelle, il est malheureusement plausible que cette âme soit tout aussi exposée et fragile que notre corps, dont elle est d'ailleurs le principe vital et la forme. L'ennemi de notre âme a mille moyens de l'attaquer, soit en détruisant ses défenses immunitaires, soit en lui inoculant un virus ravageur de la conscience et de la liberté, soit en la désintégrant brutalement comme par explosion nucléaire.

Dès son enfance, Bernanos a eu ce sentiment permanent, net, angoissant, qui s'exprime si fortement dans son premier roman, *Sous le soleil de Satan* : au-delà du monde des apparences, sachant d'ailleurs merveilleusement utiliser ces apparences, il existe une organisation secrète, extrêmement intelligente, habile aux travestissements, ennemie de la race humaine, qui, par toutes sortes d'artifices, s'emploie à sa perdition, c'est-à-dire à la détourner de sa pesanteur vers Dieu ; la force de frappe de cette organisation secrète, c'est le mensonge. C'est peu dire que le mensonge révulsait Bernanos ; aussi camouflée fût-elle, il en flairait la présence, qui lui donnait la chair de poule, l'horrifiait autant que certaines femmes sont épouvantées par les serpents et les souris. Derrière le plus petit mensonge que beaucoup jugeraient sans importance, insignifiant, il débusquait la présence insidieuse de celui que l'Évangile appelle « le Père du mensonge, homicide dès le commencement », homicide parce que son entreprise tenace est de dévoyer l'homme de sa pesanteur originelle à Dieu, pesanteur qui est le principe vital de tout homme venant en ce monde : tout homme naît pour se précipiter vers Dieu.

En face de cette force de désintégration, occulte et multiple, omniprésente, Bernanos a, non moins vif, le sentiment que nous ne sommes ni de force ni de taille, que nous partons battus d'avance. Dès notre conception dans le ventre de notre mère, l'ennemi a déjà un pied dans la place, nous naissons avec une connivence avec lui, nous sommes complices du désordre, marqués par « le péché originel », dont la réalité paraissait à Bernanos d'une évidence si criante qu'il ne comprenait pas pourquoi l'Église s'était vue contrainte d'en faire un dogme. L'expérience qu'il avait de lui-même et des passions de l'homme l'avait depuis toujours convaincu que le plus facile est d'échapper à Dieu, à son attraction. La négation du péché originel lui paraissait aussi grave, aussi absurde que celle de l'existence de Dieu. Mais l'homme est un animal qui ne déteste pas l'absurde, et cela aussi lui paraissait hautement suspect de complicité avec le Diable. Pour Bernanos, l'homme est un champ de bataille entre Dieu et le Diable, ils s'y disputent tous deux son cœur, c'est-à-dire son amour, c'est-à-dire sa pesanteur. Le Diable n'en finit pas de poser des « trous noirs » sous les pas de l'homme pour qu'il s'y désintègre. Et Dieu n'en finit pas de créer des soleils à l'attraction de plus en plus puissante, jusqu'à ce Soleil de tous les soleils, Jésus-Christ.

Bonheur suprême, chance inouïe de la race humaine ! Dieu a donné son Fils, son Unique, il l'a envoyé prendre chair au sein de la race humaine pour partager avec nous notre déchirante aventure. Bernanos n'en revenait pas, il n'en est jamais revenu : quel compagnon nous a été donné ! Quel renfort ! Quel chef !

Pour Bernanos, avec Jésus-Christ, l'humanité a non seulement tiré le gros lot, mais un lot fabuleux. Et quand on a touché le gros lot, qui dépasse toutes les plus folles présomptions, comment pourrait-on vivre aussi chichement après qu'avant ? Ce qui scandalise Bernanos, le scandalise jusqu'à l'os, c'est que les chrétiens ont touché le gros lot, et qu'ils n'aient pas l'air de s'en rendre compte : non seulement ils continuent de vivre comme des gueux, mais on dirait qu'ils ont honte de leur chance : « Où, diable ! cachez-vous votre joie ? » En 1938, au sortir du Café de la Rade de Toulon, Bernanos regarde passer deux séminaristes en soutane : furtifs, ils ont l'air de fuir comme s'ils avaient fait un mauvais coup. Bernanos se tourne vers moi, consterné : « Regardez-les ! Mais regardez-les donc ! Ils frôlent les murs ! Et pourtant ils portent la lumière du monde ! »

A mon âge, on sait que, quelque part, le compte à rebours est commencé. Malgré les lenteurs et les lourdeurs d'un corps qui se fatigue vite, on a tendance à forcer la bête et, quel que soit le ridicule de la situation, à l'engager dans un sprint. Pourtant à l'impossible nul n'est tenu. De Bernanos, je ne voudrais faire qu'un portrait sommaire, peut-être une simple esquisse. Je sais que, même des plus réussis, un portrait révèle le peintre autant que le modèle. Je ne nie pas le caractère particulièrement subjectif de ce livre, du moins ai-je la franchise de l'avouer. J'avais dix-neuf ans quand a paru *Sous le soleil de Satan* et que je l'ai lu : dès ce jour, Bernanos devint pour moi le grand Initiateur, je savais que ce serait de lui que j'apprendrais les grandes choses sur l'esprit et la vie, sur un certain comportement dans la vie et dans l'exercice de l'esprit. C'est dire avec quelle anxieuse impatience — celle de la toute première jeunesse — je me suis mis à attendre chacun de ses livres, comme si, de quelque manière, mon sort en dépendait, et il en dépendait en effet. Chacun, sitôt paru, je le lisais, le relisais indéfiniment, moins pour apprendre — apprendre quoi ? — que pour accorder mon souffle à cette puissante respiration, pour sentir en moi des portes s'ouvrir magiquement, silencieusement : mon espace intérieur élargi à l'infini. La vision que Bernanos me donnait de la vie chrétienne était tellement libératrice, ample, généreuse que, tournant vers moi mon regard, je ne pouvais plus attribuer les mesquineries de mon existence qu'à ma propre ladrerie : c'était merveilleux !

Aucun autre écrivain n'a jamais provoqué en moi un tel exquis chambardement. A sa lecture, je me découvrais moi-même, je me sentais plus moi-même que je n'eusse jamais espéré le devenir. J'ai lu *L'Imposture, La Joie* avec le même sentiment de libération. Même au sein de ma famille, j'étais un garçon secret, je ne me sentais nulle part chez moi, nulle part parmi les miens, et voici qu'une famille m'était donnée : j'ai vécu avec les héros et les héroïnes bernanosiens en plus totale confiance que je n'en avais avec ma mère, mes frères et sœurs, mes condisciples, mes maîtres d'école ou de séminaire. Corps et âme, j'étais des leurs, tout ce que je pouvais exprimer de moi à moi-même dans l'obscur balbutiement de l'adolescence, voilà que je le découvrais, écrit noir sur blanc, dans un style éblouissant mais qui, pour moi, pour moi seul, retenait un peu son éclat afin de m'apprivoiser. La découverte de toute la littérature, de son ensorcellement fatal, à travers un seul écrivain avec lequel on fait un pacte solennel et secret, dont on se met en tête qu'il n'a écrit que pour vous, que vous seul êtes à même de le comprendre à ce degré, ce délire fut le mien, ce délire a marqué ma vie de manière indélébile, a été absolument déterminant dans ma vocation dominicaine.

Le climat de l'espérance, c'est l'enthousiasme. Mon enthousiasme à moi était lui aussi secret, à personne je n'osais en faire la pleine confidence. Bien avant que de le connaître, sans envisager d'ailleurs que je puisse le rencontrer un jour, j'avais la certitude d'être l'ami intime de Bernanos, parce que j'étais le familier de tous ses héros, le curé de Lumbres, Mouchette, Donissan, Cénabre, Chantal de Clergerie m'étaient si présents que je ne les distinguais nullement des autres personnages de mon théâtre intérieur, vivants ou morts : et les morts en moi ont toujours pesé plus lourd que les vivants. Ou plutôt, en chacun de ceux que je fréquente, morts ou vivants, et même certains que l'on croit fictifs et qui sont des plus réels, j'ai toujours cherché à toucher du doigt comme un talisman son noyau dur d'éternité, cela même qui lui donne son expression singulière. Le fait est que, pour moi, toutes les créatures de Bernanos, même les plus sulfureuses, m'ont aidé à vivre, à supporter, que dis-je ? à affronter sans peur ce que ma vie comportait d'inconnu et d'angoissant.

Tout cela n'allait pas sans une ivresse dont je percevais bien les fumées, très différentes de celles de l'alcool. C'était un cheminement tâtonnant vers une lumière dont je devinais le rayonnement infaillible, à travers ce que les météorologues appellent « les brumes matinales », dont j'attends la complète dissipation au lever, sur toute l'étendue de ma vie, du Soleil de Justice. Quel privilège, au milieu des incertitudes et des bouillonnements des jeunes années, de savoir qu'il existe quelque part un homme, un écrivain, qui détient la clef de votre personnalité, clef que vous désespérez de jamais trouver vous-même, que vous êtes désormais exposé, avec la parution de son prochain livre, à recevoir en plein cœur la décharge de votre propre révélation.

De ma vie, je n'ai fait le moindre effort pour rencontrer un écrivain que j'admire. Il se trouve que j'ai rencontré quelques écrivains et des plus grands : à chaque fois, cela s'est fait tout seul, sans que j'y sois pour quelque chose. Pour Bernanos, il en fut ainsi, en juin 1937, au moment de son retour d'Espagne. Cependant dès 1929, juste avant mon entrée chez les Dominicains, et parce que cette entrée dans l'Ordre m'ensevelissait dans une retraite de plusieurs années, j'ai écrit à Bernanos une lettre, pour lui dire la part décisive que ses livres avaient eue dans l'éclaircissement et l'expression de ma vocation. Lui qui, à ce moment de sa vie, réduisait au maximum sa correspondance, me répondit par une lettre que j'ai perdue, mais dont j'ai retenu par cœur les dernières lignes, empreintes d'une certaine emphase : « Pensez à moi comme à un vieux compagnon de chaîne, qui casse. des cailloux en attendant la levée d'écrou et l'infaillible élargissement. »

Huit ans plus tard, Maritain m'a demandé de rendre un service à Bernanos au sujet de son fils aîné, ce que j'ai relaté dans mes *Mémoires.* Ainsi, à la suite d'un concours de circonstances, j'ai rencontré celui dont le génie avait marqué et tout à la fois porté toute ma jeunesse, inspiré constamment mon effort et ma prière. Cette rencontre m'est venue comme les fruits arrivent à l'arbre, quand c'est la juste saison. J'ai rencontré Bernanos dans l'église de Saint-Germain-des-Prés à Paris, près du portail latéral qui donne sur le boulevard, au pied de la statue de saint Pierre. En 1948, un peu plus de onze ans plus tard, Bernanos mourait, j'étais très loin, à l'Oukaïmeden, dans le Haut-Atlas marocain. Il est passé dans ma vie comme un météore, dont la trace est ineffaçable. C'est cette trace singulière que je voudrais reproduire ici.

Comme pour chacun ayant quelque renommée aujourd'hui, la documentation photographique sur Bernanos est abondante. Pour ceux qui l'ont bien connu, elle est décevante, tant la marge est grande entre son image figée et ce que fut sa présence réelle. Pour ma part, je n'ai aucune photo de Bernanos et je ne tiens pas à en avoir. Lorsque par hasard j'en vois une dans un journal, j'éprouve plus de la gêne que du plaisir à la regarder, d'abord parce que je ne le retrouve pas vraiment en elle, ensuite parce qu'elle me rappelle qu'il n'est plus là. Or, ce dont je suis le moins sûr est qu'il m'ait faussé compagnie. Dans les moments les plus décisifs de ma vie, il m'a toujours semblé qu'il était là, et même, à sa manière, un peu beaucoup là. Je le revois : ce port souverain du buste quand il est assis, la tête qui se rejette en arrière, ce geste de la main — une main plutôt petite, presque féminine, aristocratique et ferme — qui ramène vers le haut du front une mèche éternellement rebelle de sa superbe crinière grise, les grands yeux attentifs, aux aguets, avec, à leur centre, la prunelle d'un bleu éclatant, tout neuf, qui reflète instantanément les états de l'âme la plus mobile, la plus variable, la plus imprévisible qu'il m'ait été donné de rencontrer. Cet homme n'économise pas son âme, il la prodigue tout entière à travers le regard, passe sans transition de la séduction à la colère, de l'indignation à la pitié la plus prévenante. En sa présence, il est impossible de rester soi-même au repos, cette seule présence vous met en alerte permanente, vous tient constamment sur le qui-vive. Sa voix aux résonances d'airain évoque tour à tour les doux carillons des Pâques de l'enfance, pour s'enfler soudain dans la solennité du glas ou du tocsin.

Comment ceux qui ne l'ont pas connu pourraient-ils soupçonner que cette âme était perpétuellement en peine, qu'elle s'acharnait sur elle-même comme le vautour sur sa proie ? Cet homme charmeur et charmant était aussi un tourmenteur, il ne cessait de touiller en moi tous les ingrédients de ma marmite de sorcière. Je sortais harassé de ces longues conversations où il transfusait dans mes veines tout le sang de son angoisse. Non seulement je lui pardonnais, mais je ne pouvais m'empêcher de revenir à lui. Je sentais que la torture qu'il m'infligeait, il se l'était d'abord infligée à lui-même. Ce qu'il avait prédit se réalisait : nous étions côte à côte comme deux galériens rivés au même banc, courbant d'avance l'échine sous le fouet de l'interrogation.

Alors que d'autres écrivains mûrissent leur œuvre en silence et dans le secret, il avait besoin de parler, de beaucoup parler. Il était capable de parler des heures durant, et j'ai souvent assisté à de telles séances. A l'inverse de celle d'un Malraux par exemple, sa conversation n'avait rien d'impérieux ni de péremptoire, il poursuivait tout haut son interrogation intérieure. Il était habituellement le seul à parler et ce n'était pourtant pas un monologue : c'était la projection de tout le théâtre qu'il portait en lui, et qui happait instantanément tout nouvel arrivant, l'y insérait : « Je sais ce que vous pensez... — Je sais ce que vous allez me dire... » Le plus fort est qu'il le savait en effet, il allait spontanément au-devant de la réticence, de l'objection, sans erreur.

Souvent ce théâtre passait de la tragédie à la satire, voire à la farce. Il avait des dons d'imitateur extraordinaires et ne se privait pas du plaisir de caricaturer même ceux qu'il aimait le plus. On riait beaucoup avec Bernanos, on se tordait même de rire. Cet angoissé, qui ne se prenait pas au sérieux, semait la joie à pleines mains, comme le prince de Ligne entrant à Vienne jetait par la fenêtre de son carrosse des poignées de louis d'or. C'est vrai qu'il était d'une folle prodigalité de lui-même, c'est vrai aussi que ces longues conversations lui servaient de brouillon pour son écriture.

Qu'est-ce qui nous liait ? L'amitié certes ! Je ne doutais pas de son cœur pas plus qu'il ne doutait du mien. Mais ce qui nous attachait l'un à l'autre était infiniment plus fort qu'un sentiment terrestre, c'était la foi catholique, la communion dans notre pesanteur à Jésus-Christ. Il s'irritait seulement de ma lenteur devant son impétuosité. Il était beaucoup plus près que moi du centre, d'où sa fulgurante accélération. Notre situation mutuelle se compliquait par suite de mon état de prêtre et de Dominicain. A ses yeux, je représentais naturellement « l'Église enseignante » : alors que j'avais derrière moi de longues études théologiques, il s'impatientait de mon ignorance, moins d'ailleurs des réponses que des questions : « Comment se peut-il que cela ne vous soit jamais venu à l'esprit ? » Par quel mystère de mon iniquité personnelle, étais-je aussi inconscient des grands tourments de l'homme ? Nous liait donc très fort l'interrogation de la foi, qui est, pour celui qui la subit, une mise à la *question,* au sens que ce mot a dans la bouche du Grand Inquisiteur.

Constamment maître du climat qu'il créait autour de lui, lorsque Bernanos avait décidé de séduire, nul n'était plus enchanteur. S'il se méfiait, l'atmosphère devenait quasi irrespirable tant elle était oppressante. Quand, pour une raison ou une autre, il prenait le parti de ne rien voir, de ne rien entendre, il était capable de parler pendant des heures et des heures pour s'étourdir et tout à la fois saouler de paroles l'interlocuteur, donner le change sur son angoisse, battre la campagne afin de fuir le seul sujet qu'il eût dû aborder : c'est ce qui est arrivé au cours de la visite que lui fit Claude Bourdet à Avallon. Bourdet rentrait juste de Buchenwald, il n'eut pas la possibilité de placer un mot sur ce qu'il avait vu et subi.

Cette sorte d'expérience mettait Bernanos dans une humeur massacrante : je me taisais, sachant par avance l'inutilité de tout effort pour le sortir de sa solitude. Il n'en était que plus furieux contre tout le monde et surtout contre lui-même. La même chose se reproduisit avec Camus chez Michel Gallimard. Au moment de la libération de Paris, Alexandre Parodi, qui était mon chef direct dans la Résistance, représentait de Gaulle. Lorsque Bernanos revint en France, il désira le rencontrer, et j'emmenai Bernanos et sa femme chez lui à dîner. Ce fut le même désastre. A la vérité, Bernanos ne se pardonnait pas de n'avoir pas été partie prenante de cette résistance intérieure, alors que Malraux, lui, n'eut jamais le moindre remords de ne s'y être rallié qu'en dernière minute. Personne ne fit à Bernanos un quelconque reproche d'avoir été loin, c'est lui-même qui se le faisait : et de cela nul ne pouvait le délivrer. Alors, il déblatérait contre cette résistance qu'il n'avait pas connue et dont il lui était insupportable d'entendre parler.

Les photos ont néanmoins leur importance. Elles montrent que Bernanos était d'un certain type d'homme très caractérisé. Autour de lui, il y avait de la gentilhommerie dans l'air, et même de la chevalerie. On le voit avec sa moto, c'était un homme de moto. Seuls comprennent l'importance de ce goût ceux qui ont enfourché cette sorte d'engin et qui sont partis à la conquête de la route entre deux parois d'air qui siffle aux oreilles.

Dès l'adolescence, il avait aussi pratiqué la chasse. Sa nature fut celle d'un chasseur, dans le sens primitif qui remonte à l'époque néolithique, quand l'humanité, pour sa survie, s'est divisée entre guerriers et chasseurs d'une part, agriculteurs et pasteurs d'autre part. Bernanos fut un chasseur au sens le plus authentique du mot : d'où son nomadisme congénital, son instinct de poursuivre le gibier jusqu'à l'hallali, sa promptitude et sa précision pour l'abattre en plein vol, ou au contraire sa patience infinie dans l'affût et le guet. Sa connivence avec moi découlait d'une telle parenté : les Dominicains sont des chasseurs *(Domini canes)*, les chiens de chasse du Seigneur, sa meute remuante et bruyante, obéissant aux appels du cor qui retentissent dans la forêt.

De même qu'à la guerre le chef de patrouille a le droit de choisir ses hommes, le commandant de la chasse doit choisir avec soin ses compagnons, quand il part pour une battue particulièrement dangereuse. Je suis le seul de ses amis dont Bernanos a écrit qu'on pouvait aller avec moi à la chasse au tigre. Cette expression ne se comprend bien que dans le contexte d'un proverbe anglais en usage en Inde. Il est prescrit au chef d'une expédition de chasse au tigre d'éliminer impitoyablement tous ceux dont les réflexes ne sont pas prompts, tous ceux dont la peur obscurcit l'âme et paralyse le corps, tant cette chasse exige finesse et sang-froid. Bernanos connaissait ce proverbe anglais, c'est dans un de ses livres que j'en ai cueilli la formule. Son amitié pour moi a été querelleuse : c'est de bonne guerre et de bonne chasse, si j'ose dire. Je ne m'enorgueillis pas de cette amitié que je n'ai pas plus méritée que les autres dons de Dieu qui m'ont été faits, mais elle est une de mes plus grandes fiertés. Que prouve la dernière lettre qu'il m'a écrite et qui a été publiée, sinon que cette amitié est restée jusqu'au bout ce qu'elle a toujours été, dans la fidélité et la querelle ?

Certaines photos montrent Bernanos à cheval ; passionnément homme de cheval, il a commencé la guerre de 14-18 dans la cavalerie. Lorsque je l'ai accompagné à Gabès, je l'ai présenté au général Dio ; tous deux n'ont pratiquement parlé que de cheval. Bernanos était sensible à ce haut compagnonnage avec le cheval, dans l'effort et dans le risque, où l'homme ne fait plus qu'un avec sa monture. A l'encontre de ce qu'on pourrait croire, et bien qu'aussi ombrageux que le plus nerveux des pur-sang, Bernanos était dénué de toute susceptibilité au sens égoïste du mot, mais il humait de loin l'obstacle ou le marécage, avait instinctivement le pied sûr, savait où il le posait. Combien de fois m'a-t-il répété cet axiome, extrait d'un manuel d'équitation de l'ancienne France : « Cavalier, quel que soit l'obstacle, jette d'abord ton cœur par-dessus, et ton cheval ira le chercher ! »

Depuis que le monde moderne a renié le Décalogue et jusqu'à la notion de loi naturelle, il est à la recherche d'un mode d'emploi de l'homme par l'homme, c'est-à-dire d'une morale ; et il n'a trouvé de fondement à une morale possible qu'un « impératif catégorique », décision totalement arbitraire qui se donne gratuitement un idéal, et qui s'y tient mordicus, sans autre raison que celle-ci : il faut ce qu'il faut, mais il faut de l'ordre. Impératif catégorique pour impératif catégorique, pourquoi pas celui du cheval ? Pour bien monter, il faut une certaine tenue, un certain style : la pratique du cheval impose une attitude et des contraintes incompatibles avec l'avachissement et une totale permissivité. Tout ça n'est pas rationnel, mais c'est mieux que rien.

Bernanos n'avait pas à se chercher une morale, c'est bien ce qui constituait son prestige, sa séduction infaillible sur ceux qui l'approchaient. Il admettait comme allant de soi le Décalogue et le Sermon sur la Montagne, il s'efforçait de s'y conformer ; ils inspiraient naturellement et spontanément ses jugements. Une telle règle de vie et de style, à la portée des enfants, a produit au cours des siècles tant de saints, tant de types d'hommes et de femmes si sublimes et si familiers, qu'elle lui suffisait amplement, et d'autant plus qu'elle ne lui est jamais apparue comme une « morale », mais comme le compagnonnage avec Jésus-Christ. Dans l'Évangile, le nom propre du fardeau qui est assigné à chacun, c'est « la croix ». Né pour être porteur, on commence par ajuster au mieux son fardeau sur les épaules — ho ! hisse ! — et on suit celui qui est devant, qui suit celui qui est devant, ainsi de suite jusqu'à Jésus-Christ qui monte au Calvaire. Et s'il y a des Cyrénéens le long du chemin pour nous aider à porter le fardeau, tant mieux ! S'il n'y en a pas, il faut quand même que le fardeau soit porté jusqu'au bout du chemin.

Dans cet étrange couple de l'homme et du cheval, que les Grecs ont mythifié dans le Centaure, Bernanos se considérait plutôt comme le cheval enfourché par l'Esprit. Il obéissait à une voix qu'il était seul à entendre dans son cœur, à une bride qu'un Autre tenait dans la main, à d'imprévus coups d'éperons, qui le faisaient soudain forcer l'allure et s'envoler par-dessus l'obstacle. Ce qui aurait pu paraître caprice n'était chez lui qu'obéissance spontanée à un Cavalier invisible qui le tenait en main.

Une des grandes joies que le Brésil réservera à Bernanos sera la pratique quotidienne du cheval. Non pas en snob qui, chaque matin et à grands frais s'offre une promenade cavalière au Bois, mais sous la forme du compagnonnage utilitaire, nécessaire, indispensable d'un homme avec sa monture. La ferme de « La Croix-des-Ames » que Bernanos a habitée pendant la guerre dans le Minas Gerais était au-delà de la dernière station du chemin de fer : c'est à cheval qu'il allait chaque matin dans l'estaminet de Barbacena pour écrire, ou qu'il se rendait à la messe le dimanche. Une telle vie, plutôt que les élégances raffinées de chez Hermès, évoque les rudes mœurs des cow-boys texans ou des vaqueiros brésiliens. Bernanos aimait cette rudesse. Cela se sent jusque dans son style, quand il part tout à coup au galop, qu'il encercle son troupeau d'idées et de mots, qu'il met un ordre vivant dans les croupes indociles des phrases, qu'il regroupe tout autour de son sujet central.

Il ne faisait jamais de plan. Il agissait dans ses livres comme dans la vie : à la vue et à l'instinct. Ce qui explique sans doute pourquoi il est là où il doit être, toujours naturel, toujours surprenant.

2.

BERNANOS ROMANCIER

QUELLE EST la place de Bernanos au sein de la longue histoire de la littérature française ? C'est évidemment celle d'un romancier. Là, commencent les malentendus.

Quand on considère les romans de Stendhal, au commencement il y a Stendhal. Pour Flaubert, il en est de même, au commencement il y a Flaubert. Pour Proust et Céline, au commencement, il y a Proust et Céline, ils y sont même du commencement à la fin.

En ce qui concerne Bernanos, rien de tel. Au commencement de chaque roman de Bernanos, ce n'est pas du tout Bernanos que l'on trouve, c'est son héros ou son héroïne, c'est le héros ou l'héroïne qui font le roman, l'emplissent de leur présence et de leur surprenant destin, on dirait que Bernanos n'y est pour rien. Le connaissant comme je l'ai connu, c'est une question que je me pose encore : quelle fut la part de l'homme Bernanos dans sa création romanesque ? L'image que je me fais de lui est celle d'un homme qui amènerait un ami aveugle au cinéma et lui raconterait à voix basse toutes les péripéties de l'action qui se déroule sur l'écran. Bernanos romancier était aussi surpris que le lecteur le serait par la découverte de ses propres personnages et de leur comportement. Il les regardait vivre, et n'en revenait pas de ce qui leur arrivait. C'est tellement vrai que, le roman achevé, il n'en savait pas plus long que le lecteur sur eux et n'en finissait pas de s'interroger à leur sujet. L'abbé Cénabre est le héros principal de son roman, *L'Imposture* : quinze ans après la publication de ce roman, il est arrivé à Bernanos de me demander : « A votre avis, Bruck, Cénabre était-il vraiment un imposteur ? C'est une question que je n'ai jamais résolue. Sur ce curieux bonhomme, je n'en sais pas plus que vous ! » On n'imagine absolument pas Stendhal poser une question analogue au sujet de Julien Sorel, il savait tout de son héros, il en avait dit tout ce qu'il en savait. Mais visiblement, Cénabre a un destin très différent de celui de Bernanos. Quelle est la nature du lien qui unit Bernanos à ses héros, à ses héroïnes ? Telle me paraît être la question essentielle qui doit être posée au sujet de Bernanos, romancier. La réponse n'est pas évidente. Mais le seul fait de poser la question nous met dans les mains un premier instrument d'évaluation des écrivains entre eux, et rien que cela est déjà excitant. Avançons doucement !

Il est certain, et cela est d'expérience courante, qu'on pense à Don Quichotte sans évoquer obligatoirement Cervantès, déjà cela est singulier. On pense à Hamlet, à Lady Macbeth, au roi Lear, sans penser forcément à Shakespeare. On pense à Harpagon et à Tartuffe, sans le moins du monde penser à Molière, au point que ces noms propres sont devenus des noms communs. Il me semble que ce trait éclate également chez Balzac : le père Goriot, Rastignac existent par eux-mêmes sans référence au romancier. Le cas des *Misérables* de Victor Hugo est encore plus frappant ; être Jean Valjean et n'avoir plus besoin de Victor Hugo est une performance. Le même phénomène est tout aussi éclatant avec les héros de Dostoïevski : Stavroguine, Aliocha, Ivan Karamazov ont leur existence tout à fait indépendante de celle de Dostoïevski. Telle est exactement la situation des héros de Bernanos par rapport à Bernanos lui-même. Ils existent en dehors de lui, au point que lui-même quand il les évoquait parlait d'eux comme de personnes dont la vie aurait à un moment croisé la sienne, avec qui certes il aurait été un moment très lié, mais que depuis il avait un peu perdus de vue. Cervantès, Shakespeare, Molière, le Victor Hugo des *Misérables,* Dostoïevski, on voit que je ne cite que les très grands parmi les plus grands, et c'est en effet parmi eux qu'il faut ranger Bernanos romancier.

Dans tous ces cas que je viens d'évoquer, la création littéraire atteint la dignité du phénomène biologique de la conception, de la gestation, de l'enfantement et de la naissance d'un être vivant, le phénomène n'arrive à son terme qu'avec la coupure du cordon ombilical. Il est certain qu'en littérature, seuls les tout grands y parviennent, sont capables de cette ultime générosité. En France, il y a une tradition bourgeoise du roman, dont Stendhal et Flaubert sont très représentatifs, et dans laquelle nos romanciers modernes sont emprisonnés. Il est significatif d'ailleurs que nos romanciers se réclament volontiers de Stendhal et de Flaubert, jamais de Balzac. Voyez au contraire comment, dès 1926, dès après la parution de *Sous le soleil de Satan,* Bernanos parle de Balzac à Frédéric Lefèvre, et il donne en même temps la définition de son idéal à lui du romancier : il se souvient de sa chère maison en Artois :

« — ... Mon Dieu ! qu'elle était profonde, secrète, sûre, faite pour qu'on y subît le prestige du magicien de génie, du visionnaire assiégé par le rêve auquel il a donné la vie et qui veut, qui exige de nous, avec une espèce de cruauté magnifique, que nous courions son risque, que nous partagions, malgré nous, l'angoisse du cauchemar lucide qui l'assaillait de toutes parts, sans seulement faire chanceler sa haute raison ! Oui, je n'étais qu'un petit garçon, mais j'étais tout de même aux côtés de mon grand ami. Je tenais fidèlement sa main. J'entrais avec lui dans ce monde silencieux emporté d'un mouvement frénétique. Parfois je n'en pouvais plus, je m'arrêtais, bouleversé, je croyais étouffer, mourir. Et j'allais naïvement me regarder dans la glace, rassuré parce que je n'étais qu'un peu pâle, mais vivant, bien vivant. Ah ! quel réveil !

— Balzac vous satisfait-il pleinement ?

— Non ! Ce grand homme a été plus sensible

qu'aucun autre aux mouvements de la passion, à son rythme élémentaire. Mais ce n'est cependant que le réalisme humain. Il ne s'est pas élevé à la notion la plus générale, universelle, de l'humain, au réalisme catholique. Entendons-nous ! Son intelligence a conçu l'ordre catholique, mais si la vérité qu'il a seulement entrevue joint entre elles les parties de son vaste monument, elle n'en pénètre pas la matière même. Il n'y a pas un seul trait à ajouter à ces visages effrayants, mais il n'a pas été jusqu'à la source secrète, au dernier recès de la conscience où le mal organise du dedans, contre Dieu et pour l'amour de la mort, la part de nous-mêmes dont le péché originel a détruit l'équilibre. Il a été aussi loin que possible dans l'analyse, mais il s'est trouvé incapable de ce suprême effort de synthèse » (pp. 1038-1039).

Avec Balzac, le petit garçon Bernanos a appris qu'un homme seul peut créer, par l'intermédiaire des livres qu'il écrit, une multitude d'êtres humains, plus vrais, plus pathétiques que ceux qu'on rencontre dans la rue ou sur les chemins. Toujours dans la grande et chère maison, dans la bibliothèque de son père, il lit Barbey d'Aurevilly, *Le Connétable,* à qui il ressemblera tant : volonté de solitude aristocratique, humeur violente et capricieuse, rejet instinctif de toute vulgarité, de toute bassesse, et ce goût de pousser ses personnages à bout, de les réduire à l'extrémité des situations où, dans leurs bouches amères, ils découvrent toutes les saveurs du bien et du mal. De sa vie, Bernanos ne voudra relire une seule ligne de Barbey d'Aurevilly, pas plus que de Balzac d'ailleurs. Parvenu au sommet de son art au total déploiement de son génie propre, il avait peur d'être déçu : il protégeait farouchement le petit garçon qu'il avait été, avec ses éblouissements devant la découverte de l'univers romanesque.

Le roman est un univers capable d'assouvir tous les appétits d'une jeune sensibilité. Nous autres, qui ne sommes pas romanciers, entrons dans cet univers trop souvent en spectateurs, avec des réticences, des réserves, avec à chaque instant la possibilité de revenir en ce lieu en nous, où nous sommes sûrs de retrouver, assise dans son fauteuil confortable comme une aïeule, la rassurante rationalité. Pourtant, même nous, si prudents, si avares de nous-mêmes, serions-nous tout à fait ce que nous sommes si nous n'avions pas rencontré d'Artagnan, Don Quichotte, Julien Sorel, Rastignac, les frères Karamazov, Anna Karénine ? Si nous n'avions à aucun moment partagé leurs vies, porté le poids de leurs destins ?

C'est cependant d'une manière très différente que le jeune Bernanos est entré dans l'univers romanesque : il n'en est plus sorti, il n'a jamais revu à la maison la vieille aïeule radoteuse installée dans son fauteuil. Il a fait sien cet univers, au point de le trouver plus vrai que le nôtre. A l'inverse de presque nous tous, qui avons toujours dans la poche un billet de retour, il n'avait qu'un aller « simple course », comme disent les Suisses, et n'est plus jamais revenu en arrière : il s'est retrouvé entouré de personnages voilés, dont il savait qu'ils se découvriraient à lui peu à peu, qui devinrent ses vrais familiers, issus de lui, nés de son imagination et surtout de son cœur, au plus profond, au plus vrai de son cœur.

Il serait inexact de croire qu'il s'est coupé de ce que nous appelons « la réalité », mais il a soudainement saisi que les gens qu'il croisait dans la rue, ou ailleurs, méritaient d'être observés de près : ils étaient porteurs d'un mystère dont ils n'avaient peut-être pas conscience et qui faisait d'eux des personnages fabuleux : le facteur, le braconnier, le notaire, le curé, le gendarme, le maquignon, l'épicier, le boucher ; tous vivaient une histoire qui leur était obscure, qu'il lui revenait à lui de deviner, une histoire étonnante et singulière, entre le Diable et le Seigneur Jésus-Christ, entre l'enfer et le ciel ; ils allaient et venaient dans un monde plein de mensonges et d'embûches, dont à la longue ils se rendaient complices, mais auxquels rien ni personne ne pouvait les empêcher d'échapper, s'ils le voulaient, pour devenir des êtres libres. Mais le voulaient-ils ? Comme l'a si bien vu Dostoïevski, la liberté peut aussi être considérée comme un fardeau funeste dont il faut se débarrasser au plus tôt.

Le petit garçon Bernanos a décidé pour eux qu'ils ne jetteraient pas le fardeau sacré au bord du chemin, il s'est mis à le vouloir de tout son cœur, et c'est dans son cœur à lui que chacun de ceux qu'il rencontrait prenait ses coudées franches, battait la campagne, poussait son destin jusqu'au bout, comme à la chasse on force la bête. Il a eu une telle compassion pour les êtres, il a voulu si fort que chacun vive sa vie à fond, qu'il est devenu romancier sans le savoir. A la fin de l'adolescence, il hésita entre une vocation sacerdotale, une carrière médicale ou celle d'un avocat d'assises. D'entrée de jeu, il n'entrevoyait d'activité pour lui qu'une de celles qui le ferait se dévouer aux autres jusqu'à l'abnégation et au sacrifice : il sentait qu'il ne s'appartenait pas, que sa vie était marquée du sceau sacrificiel, qu'il devait la jouer — d'avance perdue ? gagnée ? — comme un richard mise d'un coup toute sa fortune sur le tapis vert. Il était déjà prisonnier de ses personnages qui n'avaient jamais été moins en quête d'auteur, puisque tous avaient déjà mis le grappin sur lui. Ils étaient déjà tous là, l'arme au pied et chargée, comme le peloton d'exécution est déjà sur les lieux quand le condamné à mort descend du fourgon cellulaire, qu'il regarde dans la lumière blafarde ceux qui vont être les acteurs de sa mort, qu'il emplit une dernière fois ses poumons de l'air frais de l'aube naissante. C'est par excellence l'heure de vérité. Pour Bernanos, ce moment solennel durera quarante ans, sa vie et sa mort entre les mains de ces héros imaginaires, nés de sa chair et de son sang : une fois pour toutes, il leur avait remis son destin à tous risques et périls ; il ne le leur reprendrait jamais.

Il y a bien des manières d'être romancier. Tout romancier ne l'est pas comme il veut, mais comme il peut. Dans un siècle où sont apparus quelques grands romanciers, Bernanos est peut-être celui qui a réalisé le plus purement, en plénitude, la vocation du romancier ; avec lui, c'était éclatant, être romancier est une vocation qui impose des vœux et un état de vie impitoyable, une vocation aussi exigeante que celle du chartreux : par le seul moyen de son imagination, avec la complicité de son langage, de son lyrisme, ses personnages naissaient vraiment de sa substance propre. Il ne considérait pas comme des « confrères », mais comme des bêtes curieuses, ces écrivains qui partent d'un élément autobiographique, d'un morceau d'actualité sociale ou de faits divers, pour construire un roman, brosser le décor, poser les personnages, tisser la trame. Pour lui, il y a un homme, une femme, des hommes, des femmes, qui surgissent dans son espace intérieur et mènent leur vie devant lui : ce sont eux, eux seuls qui font l'histoire, telle qu'elle se déroulera, et dans le climat dans lequel elle se déroulera. Quand il s'assied le matin dans la salle du café, qu'il a ouvert devant lui son cahier d'écolier, le premier sentiment qu'il éprouve est celui du désarroi, d'une solitude atroce, d'une impuissance totale, celles dont il a parlé devant la page blanche. Ira-t-il assez profond en lui-même pour arriver à rejoindre les personnages qui, quelque part en lui, mènent leur vie à eux, si complètement indépendante de la sienne : il est comme un mineur de fond, avec sur le front sa lampe, son troisième œil, l'œil unique, celui du cyclope. Et EUX, seront-ils au rendez-vous ? Dans quelle humeur ? Que vont-ils faire ? Que va-t-il leur arriver ? Il n'en sait rien, rien de rien. Son regard essaie de les percevoir, de les saisir, de les capter dans son faisceau lumineux, son oreille est tendue pour les écouter parler, chacun dans sa langue à lui, qui n'est jamais celle des autres : il les écoute parler, les regarde se démener, avec une pitié torturante qu'il maîtrise sans ménagement mais qui ne l'épargne pas ; lui, son propos est de ne pas intervenir. « J'essaie de penser autrement que je sens », disait-il, et d'écrire en accord plus avec sa pensée qu'avec sa sensibilité. Ce qui n'empêchait pas qu'il les aimât tous. Dieu aime ses créatures, et les laisse agir librement. Parfois contre leur Créateur. Il nous a vraiment donné la laisse longue. En créant l'homme, Dieu s'est fait romancier.

Bernanos éprouvait une irritation prononcée quand on disait de lui qu'il était un « romancier catholique », ou même un « écrivain catholique ». Il soupçonnait dans ces appellations un amalgame impur. L'amalgame suppose la mixture d'éléments de nature différente. Or, il avait une conscience aiguë d'être fait d'un matériau très simple et sans mélange. Il se sentait chrétien, et chrétien catholique romain, ce qui lui semblait suffire amplement à le définir. Qu'en outre il fût écrivain, il l'était comme un ébéniste est ébéniste. On n'éprouve pas le besoin de dire d'un ébéniste qu'il est chrétien ou athée. Reste à savoir ce qu'est un chrétien : pour aller à l'essentiel, c'est celui qui se conforme aux mœurs divines à travers l'imitation de Jésus-Christ. Écrire des romans, créer des personnages et vivre avec eux, était sa manière à lui de se conformer aux mœurs divines et d'entrer dans une complicité profonde avec Jésus-Christ. Jamais chrétien, plus que Bernanos, n'a compris le sens des paroles fameuses de l'apôtre Jacques : la foi sans les œuvres est une foi morte, et les œuvres qui sont le fruit naturel de la foi ont nécessairement un caractère sacrificiel. Plus il avançait dans son œuvre d'écrivain, plus cette œuvre prenait cette saveur âcre du sang répandu et de l'immolation personnelle, dont il était à la fois le prêtre et la victime : c'était sa manière à lui de s'identifier à Jésus-Christ sur la croix, jetant son dernier cri à la face du ciel et sauvant le monde. Ses personnages vivaient de lui ; mais il vivait, lui, pour les comprendre dans leurs démarches dont il ne savait rien à l'avance, qui le surprenaient toujours. Jamais romancier ne fut moins maître du destin de ses héros. Chacun de ses héros commandait l'histoire, lui ne faisait que suivre et compatir, comme ces femmes de Jérusalem qui suivaient Jésus sur le chemin du Calvaire. Chacun de ses héros pouvait lui dire ces mots, et je ne suis pas sûr qu'ils ne lui aient pas été chuchotés à l'oreille : « Ne pleurez pas sur moi, mais sur vous-même et sur vos enfants ! » Le moins qu'on puisse dire est que ses héros ne lui obéissaient pas, en un sens c'est lui qui leur obéissait : il ne faisait que les regarder vivre et souffrir, les écouter parler ; écrire noir sur blanc ce qu'il voyait, ce qu'il entendait. Il se gardait d'intervenir, l'histoire se faisait sans lui, une main invisible lui en interdisait le seuil.

Pour lui, catholique, et qui se trouvait être en plus romancier, rien n'était plus pervers, rien ne pouvait trahir plus profondément sa double vocation que ce qu'on appelle « une littérature édifiante ». Dieu seul est maître des destins et de leur dénouement, le romancier ne peut se substituer à Dieu dans le déroulement d'un destin même imaginaire. Le rôle du romancier est de suivre son héros jusqu'au bout, irait-il en enfer comme M. Ouine, il devait le suivre. L'important est dans la manière dont il les suivait. Il a donné le secret de cette manière dans son *Saint Dominique* quand il rapporte ce témoignage extrait du procès de canonisation : *« Et usque ad in inferno damnatos extendebat caritatem suam ! »* : « Son amour de compassion, sa charité s'étendait et se répandait jusque sur les damnés dans l'enfer. » Le destin des héros les plus malheureux de Bernanos continuait de lui tordre le cœur. Ils sont bien étranges les mots qui achèvent l'avertissement en tête du livre, *La Nouvelle Histoire de Mouchette.* Évoquant ces deux héroïnes si près de son cœur, Bernanos écrit, comme si elles avaient véritablement vécu : « A l'une et à l'autre que Dieu fasse miséricorde ! » Ce romancier n'a jamais fait la distinction entre son univers imaginaire et l'univers réel, il se savait pleinement responsable de l'un et de l'autre : c'est pourquoi il priait pour ses héros, et — quand ils en étaient dignes — il les priait en secret.

Mauriac s'est souvent exprimé au sujet des sacrifices que, dans l'exercice de son métier d'écrivain, il avait dû faire à son appartenance catholique. Il aimait gémir, et il avait la voix qui convenait : c'était la Murette des Lamentations. C'est Jouhandeau qui raconte ce court dialogue, au cours d'un grand dîner parisien :

« Ah ! disait Mauriac, je suis le seul à savoir ce qu'il m'en a coûté d'être catholique. Si je n'étais pas catholique, moi aussi je dirais tout ! Et j'écrirais de meilleurs livres ! »

Et Jouhandeau, en bout de table, répliquant férocement, pour la plus grande stupeur des convives :

« Eh bien, Mauriac, une fois pour toutes, décidez-vous à tout dire ! Et écrivez de meilleurs livres ! »

Mauriac a eu de la veine de ne tomber que sur Jouhandeau. Si Bernanos eût été là — mais il est impensable qu'il y eût été ! — quelle volée de bois vert eût-il reçue. Une seule citation de Bernanos suffira. Je prie le lecteur d'en noter la date (15 novembre 1928), et d'en peser chaque mot : « L'antique discipline catholique se fonde sur une expérience si profonde, si intime et si vivante du cœur humain que l'artiste, le critique ou le moraliste qui y cherchent une règle de vie, y trouvent encore, s'ils le veulent, la méthode et l'inspiration de leur art » (p. 1110).

Jamais, je n'ai entendu Bernanos émettre, ne serait-ce que par sous-entendu, le moindre regret d'être catholique dans l'exercice de son métier d'écrivain et des entraves qu'une telle appartenance lui aurait imposées. Toujours, je l'ai entendu se glorifier d'être catholique : il attribuait même à sa formation et à sa conscience catholiques les dons exceptionnels qui étaient les siens en tant qu'écrivain, surtout en tant que romancier, sa prodigieuse connaissance des cœurs. La vision catholique du monde, et du destin de l'homme, lui paraissait seule capable de donner à celui qui est né romancier toutes ses coudées franches. Il avait en horreur le naturalisme et le positivisme qui, à ses yeux, asséchaient depuis longtemps la littérature française, la coupaient de ses sources vives. Il n'est jamais venu à l'esprit de Bernanos que l'orthodoxie catholique — à la condition qu'elle soit vécue à fond, sans peur et sans reproche —, et les orientations qui en découlent, puisse restreindre le champ de vision et d'écriture : elle l'élargit au contraire à l'infini, lui ouvre des perspectives sur un au-delà du monde qui donne à nos destins leur dimension véritablement tragique, réduit les passions humaines aux mouvements lamentables et désordonnés d'un grand oiseau enfermé dans une cage, alors qu'il est né pour les sommets du ciel.

Bernanos romancier a poussé ses héros et les situations plus loin que Dostoïevski, dont tels personnages sont si visiblement possédés. Il a poussé les choses aussi loin qu'on pouvait le faire, jusqu'à rendre opprimante la présence du Diable, dont il parlait d'ailleurs dans la vie comme d'un compagnon familier, sur lequel il faut toujours avoir l'œil. Il savait que le Diable est par excellence le Corrupteur et l'Adversaire, auquel ses pauvres prêtres (le curé de Lumbres, Chevance, le curé d'Ambricourt) n'opposent que des défenses improvisées et dérisoires mais qui, par un mystère qui est proprement celui de la grâce de Jésus-Christ, se révèlent à l'épreuve, infaillibles et imprenables.

Que serait d'ailleurs une partie d'échecs à laquelle manqueraient le roi noir et la reine noire ? Pas plus qu'une vraie partie d'échecs ne se joue qu'avec des pions, le grand jeu de la destinée humaine ne se jouerait pas pleinement sans le Diable. Mais le Diable n'est ni timide, ni avare : lorsque l'enjeu en vaut la peine, il n'hésite pas à s'aventurer lui-même jusqu'à se découvrir. Malheureusement, le jeu en vaut rarement la chandelle. Pour Bernanos, la grande misère du monde moderne est moins sa savante perversité, que la médiocrité d'une pâte si lourde qu'il n'est en ce monde aucun levain, capable de la faire lever.

D'autres que Bernanos ont eu le sentiment que la tragédie humaine ne pouvait prendre toutes ses dimensions, que si l'on posait au départ, sans tricherie, complètement et correctement, toutes les pièces sur l'échiquier : dans le déroulement de cette tragédie : c'est une imposture que de faire abstraction de la révélation évangélique et du fait chrétien. Avec *Les Martyrs,* Chateaubriand a tenté l'entreprise, et il a échoué : cet échec donne toutes ses dimensions à l'insolence inouïe de Bernanos dans sa propre entreprise romanesque. Car lui, Bernanos, il a gagné la partie. Et haut la main !

Pourquoi Chateaubriand avait-il échoué ? Peut-être était-il trop préoccupé de lui-même. Peut-être était-il incapable de donner assez de substance à ses héros ? Peut-être aussi était-ce trop tôt ? Au temps de

Chateaubriand, le monde moderne, le monde voltairien et bourgeois, était encore dans toute l'euphorie de son optimisme et de son ascension. Il croyait encore au Père Noël. Il fallait la guerre de 14-18 pour commencer d'ébranler cette croyance puérile. Et puis, quoi ! un écrivain comme Bernanos n'arrive pas au temps marqué par l'histoire et par un certain contexte sociologique : comme les prophètes jadis, comme les saints, il survient quand son heure sonne à une autre horloge que la nôtre, dans un autre monde que le nôtre. Il vient d'ailleurs d'un autre monde et ses poids et mesures ne sont pas ceux de nos bureaux du même nom. Dans une conférence, prononcée en 1927, il est stupéfiant de constater avec quelle netteté Bernanos marque son territoire dans tout le contexte de la littérature qui lui est contemporaine. Et d'abord ce diagnostic de portée générale sur notre époque : « Avant de connaître l'inflation de la monnaie, la Société moderne avait tiré ses principales ressources d'une inflation effrontée de l'espérance » (p. 1078). Il précise.

« Le matérialiste n'a pas dit grand-chose quand il a répondu que le Mal est une offense au propriétaire, au juge, à l'huissier et au gendarme. Au lieu que le théologien vient au secours du moraliste et du romancier — oui ! du romancier ! — quand il déclare que le Mal, c'est le péché et que le péché n'est pas précisément cette offense au propriétaire, au juge, à l'huissier et au gendarme, mais à Dieu. Quel est donc le service rendu au simple artiste par le théologien ? On pourrait dire qu'il ouvre ainsi derrière chaque aventure humaine d'admirables perspectives... Mais l'art n'a pas seulement besoin de grands thèmes lyriques, il a d'abord besoin de vérité » (p. 1079).

Il y a plus de soixante ans que Bernanos prononçait ces paroles. Nous avons progressé beaucoup depuis dans la désintégration de l'ordre bourgeois, représenté par le propriétaire, le juge, l'huissier, le gendarme : nul ne se sent plus coupable devant eux, nous avons aboli tous les tabous de transgression d'un tel ordre. Mais cet ordre bourgeois n'a été remplacé par rien, nous n'avons plus d'ordre du tout, plus de hiérarchie de valeurs même sociales et fictives. Bernanos ne le regretterait pas plus que nous, ce n'est pas l'ordre bourgeois qu'il regrettait, c'était l'ordre chrétien. Toute son œuvre, y compris et surtout son œuvre romanesque, est là pour nous dire qu'il n'y a pas d'autre univers moral que l'univers chrétien, que les deux pôles de cet univers sont au-delà du monde, au-delà de notre rationalité, et que ce sont deux royaumes qui s'opposent dans une bataille dont nous ne pouvons mesurer l'ampleur mais qui affleure pourtant à travers nos passions personnelles et dans notre propre cœur, le royaume de Dieu d'un côté et l'empire de Satan de l'autre, et que nous le voulions ou non, il nous faut choisir : le plus mauvais choix serait encore de ne pas choisir, de faire semblant d'ignorer que nous sommes le véritable enjeu de cette guerre.

Que dirait Bernanos de notre littérature d'aujourd'hui ? Il semble l'avoir pressentie en parlant de Proust : « Cette littérature est frénétique et triste.

Les faibles héros de ce monde décoloré peuvent bien s'agiter beaucoup, ils ont l'air de travailler sur commande, avec dégoût. D'où vient qu'ils dégagent cet énorme ennui ? C'est qu'ils font le Mal sans y croire. Ils peuvent bien simuler les passions, ils ne les éprouvent pas dans leur âme. Quel parti voulez-vous que puisse tirer un romancier de ces bonshommes fallacieux, qui n'ont jamais trouvé leur conscience, qui ne l'ont même jamais cherchée ? »

Bernanos parlait pour nous, Français, il ne parlait que pour nous : même si nous avons renié nos origines, rien ne peut empêcher que nous ayons été, avec ses pécheurs et ses saints, un grand peuple chrétien. Notre conscience fut et reste chrétienne, en la retrouvant, nous retrouverons toutes les dimensions tragiques de la vie, et aussi l'humble saveur de la vie. Que l'ordre bourgeois achève de se désintégrer sous nos yeux, je ne vois pas pourquoi un chrétien s'en lamenterait : cet ordre bourgeois s'est construit contre l'ordre chrétien. Mais que l'ordre bourgeois ne soit remplacé par rien et que les consciences soient laissées à l'abandon, je vois bien tout ce que ce vide impose de devoirs aux chrétiens, d'exigences impérieuses : Bernanos le voyait encore mieux que moi, il n'a cessé de le dire et de le redire : si Dieu se retire du monde, c'est qu'il s'est retiré d'abord de nous, chrétiens. Quand l'univers moral est en ruine, n'est-ce pas aux chrétiens de redonner aux consciences les grandes orientations et l'espérance qui nous ont été confiées ? C'est là-dessus que nous serons jugés. Cette perspective devrait nous remplir de courage et d'espérance, ou tout au moins d'épouvante en face des responsabilités qui sont les nôtres. Le pire dans ce monde moderne est qu'il n'attend plus rien ni des autres, ni de nous, chrétiens. Pourquoi n'attend-il rien de nous ? Parce que nous sommes incapables de lui proposer une vision de l'ordre chrétien qui puisse l'émouvoir, qui vaille le prix d'un effort.

Si un jeune Français veut découvrir l'œuvre de Bernanos, c'est par la lecture de ses romans qu'il doit commencer. Bernanos est un précurseur. En face de la désintégration accélérée de l'ordre bourgeois, Bernanos, dans ses romans, a restitué, en toutes ses dimensions authentiques, l'univers moral chrétien, le seul où nous puissions, non seulement retrouver nos consciences, mais aussi le goût de la vie, celui de l'effort et d'un risque à la hauteur de notre véritable stature d'hommes, créés à l'image de Dieu.

La loi de Bernanos, dans ses romans comme dans sa vie, c'est la générosité, c'est le risque. Tant qu'on n'a pas tout donné, on n'a rien donné. C'est lui, et pas un autre, qui à chaque fois jette tout le poids de sa vie et même de son salut éternel, dans la création de ses héros fugaces, si semblables à nous, sauf sur un point : aucun de ceux qui occupent le devant de la scène n'est un médiocre. C'est bien en quoi ils échappent au créateur lui-même. Quand chaque matin, Bernanos se met devant sa table, au fond du café de l'endroit, il ne sait vraiment pas ce qui va arriver à ses héros imaginaires, que la veille pourtant il a abandonnés à cette même place. Il a comparé la composition d'un roman à une course de toros. Pour lui, c'était bien de mise à mort qu'il s'agissait. Chaque matin, penché sur la page blanche, il risquait lucidement sa vie et sa raison. « Un véritable romancier, écrit-il, qui commence un livre, part à la conquête de l'inconnu, il ne domine son œuvre qu'à la dernière page, elle lui résiste jusqu'au bout, comme le toro estoqué qui se couche aux pieds du matador, tout ruisselant de sang et d'écume. » On perçoit à quel point, pour Bernanos, la fabrication d'un roman est la lente progression d'une liturgie meurtrière, à quel point elle est différente de ce qu'elle est trop souvent : le paisible déroulement d'une partie de dominos.

Ni Proust, ni Céline, ni le prudent Stendhal, ni Flaubert ne sauraient être comparés au matador dans l'arène. Seuls dans notre littérature, je ne vois que les très grands poètes et Pascal, qui aient fait de leur œuvre un jeu aussi dangereux, où la moindre inattention coûte la vie. Certes Bernanos ne risquait pas sa vie physique en écrivant, bien qu'il risquât sa subsistance et celle des siens, mais son angoisse extrême prouve qu'il risquait sans doute plus que sa vie. Bernanos a eu très peu d'amis hommes, parce que les hommes sont frivoles et qu'ils ne percevaient pas les risques personnels que Bernanos prenait en poursuivant son œuvre. Comme toujours, les femmes étaient plus sensibles : elles pressentaient le caractère dangereux de l'entreprise dans son exercice banal et quotidien.

Bernanos tout entier se tenait aux côtés de chacun de ses héros, sans maintenir entre eux et lui la plus infime distance, la moindre réserve, et donc une quelconque possibilité de manœuvre ; ce qui se sent dans le comportement de chacune de ses créatures qui avance elle-même à l'aveugle et souvent jusqu'à l'extrême limite de ses forces : dans cet état de pauvreté, ayant dépensé toutes ses réserves, sa puissance de nous émouvoir est infaillible. Tant qu'il y aura un jeune Français amoureux de sa langue, il y aura un cœur susceptible de battre plus vite aux rencontres prodigieuses entre le curé de Lumbres et le maquignon, entre Cénabre et le clochard à travers les rues vides d'un Paris nocturne, entre Chantal de Clergerie et l'éminent professeur La Pérouse, entre la châtelaine et le jeune curé d'Ambricourt. Le caractère de chacune de ces « rencontres » — et j'entends ici ce mot comme l'entendent les sportifs — est que chacun des interlocuteurs en est au dernier round de sa dernière chance, qu'il chancelle déjà ; que la dernière réaction lui est arrachée comme par miracle.

J'écris ce livre pour témoigner de celui qui fut mon maître et mon ami, pour dire quelques-unes de ces choses qu'un écrivain n'écrit jamais, qu'il laisse échapper au détour d'une conversation, qui seraient perdues si une oreille attentive ne les recueillait.

Il y a cent ans que Bernanos est né, voilà quarante ans qu'il est mort. Dès la parution du *Soleil de Satan*, je l'ai dit, je suis devenu le familier de cette œuvre qui s'accroissait au moment même où la vie se déployait toute neuve devant moi. Chaque livre nouveau me liait de liens invisibles avec son auteur. Puis un jour, dix ans plus tard, en 1937, Bernanos lui-même est entré dans ma vie. Cette amitié a duré une douzaine d'années, jusqu'à sa mort en 1948.

Dans l'œuvre romanesque, relativement limitée, mais que sa singularité protège à jamais de toute imitation, je sais que deux ouvrages sont au faîte de cette œuvre : *L'Imposture* et *La Joie,* qui, par accident, à cause des harcèlements d'argent auxquels Bernanos fut soumis toute sa vie, ont été publiés séparément. Ils devraient désormais ne former qu'un seul volume qui s'intitulerait : *L'Imposture et la Joie,* si l'on voulait être fidèle à l'esprit de ces deux ouvrages et aux intentions de Bernanos, car en effet, c'est bien ainsi que Bernanos le ressentait : *L'Imposture et la Joie* est un livre unique, incomparable dans toute notre littérature ; il atteint naturellement la suréminence du mythe et (au fil du temps cela deviendra de plus en plus éclatant) le rang de *Don Quichotte,* de *Hamlet,* des *Frères Karamazov :* reflet dans le temps qui passe du conflit qui domine nos destins et les engage, entre le ciel et l'enfer, entre Dieu et le Diable. Que nous en ayons conscience ou non, nous sommes le champ de bataille entre deux puissances sublimes, l'une hostile, l'autre salvatrice, et la tâche prédestinée des très grands poètes est de nous en faire prendre une conscience suraiguë, que nous sachions au moins ce que nous faisons. Élu et béni entre tous, celui qui a vocation de nous le dire dans notre langage, dans le langage que nous pouvons comprendre ; bienvenu celui qui nous prend à la gorge, nous regarde dans les yeux et nous dit dans une parole irréfutable : « Imbécile, sache au moins ce que tu fais ! » Bernanos fut ce poète, et cette gloire ne lui sera jamais enlevée : elle ne déclinera pas, elle n'en est qu'à son aurore.

Le livre de Bernanos qui m'a le plus surpris est sans nulle hésitation *La Nouvelle Histoire de Mouchette.* J'étais alors un jeune moine, frais émoulu des longues études thomistes, ne connaissant de la vie que son poids qui pèse sur l'adolescence, épris de clarté et de classification. Ce livre faisait éclater toutes mes catégories. Comment était-il issu de la plume du plus grand écrivain pétri de foi catholique ? C'est l'histoire d'une pauvre petite fille campagnarde, complètement perdue dans le monde des adultes et qui refuse d'entrer dans le mensonge de ce monde, qui finalement n'échappera à sa solitude, au viol de sa candeur, à son désespoir, qu'avec la mort. La musicalité de la prose française n'a jamais atteint une telle perfection depuis Chateaubriand, peut-être depuis Pascal. Dans cette œuvre, il y a toute la naïveté insinuante du clavecin et de Couperin, un certain frémissement intérieur qui court d'un bout à l'autre du récit, qui manifeste clairement sa lignée : c'est le même sang qui ne peut mentir qui nourrit toute l'œuvre de Bernanos. Mais enfin l'histoire en est-elle plus « édifiante » ? J'étais déconcerté. Je ne connaissais pas encore Bernanos, mais il était écrit dans les astres que j'allais le rencontrer bientôt.

Un instinct m'avertit que je dois redouter ce que je désire trop violemment. Il est possible qu'au temps de Tibère, la grande faute des chefs de la nation juive ait été de ne pas mesurer l'intensité du désir qui animait ce peuple quant à la venue prochaine du Messie. Peut-être est-ce la raison pour laquelle ils n'ont pas reconnu ce Messie : l'histoire de leur peuple eût dû leur enseigner pourtant que les théophanies sont à la fois redoutables, surprenantes et bienfaisantes, mêlées qu'elles sont d'une exigence impérieuse de dépassement de soi-même, du dépassement même de l'espérance antérieure.

A mon échelle, tout livre nouveau de Bernanos était pour moi une révélation de moi-même, qui m'entraînait dans une exigence d'engagement total. Tout de suite, j'ai senti que pour moi, derrière *La Nouvelle Histoire de Mouchette,* l'exigence était particulièrement impérieuse. Jamais encore le génie bernanosien n'avait éclaté avec une si totale liberté. Ce court roman était-il seulement « chrétien » ? Bernanos avait couru le risque de mettre contre lui toutes les apparences. Le suicide reste un attentat affreux contre l'entreprise du salut. Pourtant, je sentais vivement à quel point cette nouvelle Mouchette restait partie prenante de l'univers bernanosien.

Les mois passèrent. J'ai rencontré Bernanos, nous sommes devenus des intimes. Moi aussi je faisais désormais partie de l'univers bernanosien, avalé, malaxé, digéré par lui, qui avait l'appétit et la force d'un boa constrictor. Un jour, au détour d'une longue conversation, je pose à Bernanos la question de

La Nouvelle Histoire de Mouchette : « Mouchette, dit-il brièvement, c'est la guerre d'Espagne ! »

Pourquoi cette réponse ? C'est vrai que Bernanos a écrit ce livre au début de la guerre d'Espagne, avant *Les Grands Cimetières sous la lune,* publiés en 1937. Cette antériorité est révélatrice de la manière dont cet homme réagissait à l'événement tragique. On sait que, dans les premières semaines du soulèvement militaire, Bernanos lui fut favorable : son fils aîné s'engagea même dans la Phalange. Les buts proclamés de la « Croisade » franquiste *(Viva el Cristo Rey)* ne pouvaient qu'émouvoir ce chrétien des temps antiques. Il habitait Majorque, grande île, qui servit rapidement de base au mouvement franquiste et à ses alliés fascistes italiens. Elle devint aussi le théâtre de l'épuration de « ceux qui pensaient mal ». Cette épuration fut tranquille, méthodique, inexorable dans l'iniquité. Les yeux de Bernanos s'ouvrirent sur l'horreur. Il en reçut un choc capable de pulvériser son âme qui ne s'en remit jamais. Ce choc fut exactement celui dont parle l'Évangile quand il lance la malédiction sur ceux qui scandalisent les enfants.

Je crois certaines âmes d'enfants d'autant plus vulnérables qu'elles sont plus grandes : à certains moments de lucidité sur la laideur et la cruauté du monde, elles n'ont de choix qu'entre la folie et l'invention poétique la plus pure : simplement pour ne pas cesser d'aimer, pour se créer entre elles et la laideur du monde un bouclier d'amour. *La Nouvelle Histoire de Mouchette* est née de cette résolution héroïque de trouver tout de suite un être à la mesure de ce besoin impérieux d'amour. Entre l'horreur quotidienne qu'il avait sous les yeux et lui-même, Bernanos posa cette petite fille désarmée, et qui fait sa première expérience de la laideur du monde.

A ce moment, Bernanos est seul, seul comme il ne l'a encore jamais été. Ceux qui l'entourent ne sont que des ombres. L'univers qu'il tente de saisir fuit entre ses doigts comme du sable. Il expérimente la solitude essentielle du poète. Celui qui n'a jamais eu à vivre cette solitude, son caractère atroce et fatal, ne peut être un poète. Dans ces conditions, le poète ne peut survivre que si, de son génie, naît une œuvre, mieux encore un personnage qu'il peut jeter en pâture à la voracité du monde, et qui n'est que la projection sur la page blanche de sa propre détresse, de son abandon substantiel. Mouchette surgit auprès de Bernanos comme l'unique compagnon, le seul entre les mains duquel il peut déposer sa vie, ce qui lui reste d'espérance.

Je voudrais me faire comprendre, et je risque de scandaliser. Mouchette, la seconde Mouchette, j'en ai le sentiment très vif, rejoint auprès de Bernanos, jeté au fond de la basse-fosse de sa prison Mamertime, Jeanne d'Arc, et aussi la petite Thérèse de l'Enfant-Jésus, les deux secourables, les deux fidèles. Bien sûr, ces deux-là sont sur les autels, canonisées, elles appartiennent à cette part mystérieuse de l'Église que l'on dit « triomphante » ; en vérité c'est cette part qui nous est la plus proche, la seule qui puisse briser notre plus intime solitude, celle qu'aucun ami ne peut partager en ce monde. Mouchette est à Thérèse de l'Enfant-Jésus et à Jeanne d'Arc ce qu'une églantine dans une haie sauvage est à deux somptueuses roses au milieu du massif de fleurs. L'églantine et la rose restent de la même famille, mais l'églantine est la compagne immédiate, quotidienne et terrestre de cet infatigable chemineau qu'est Bernanos. Il s'est inventé cette présence qui est de même nature que l'assistance des saintes dans nos vies, infirmières divines qu'aucune de nos plaies ne rebute, qui surmontent avec le sourire jusqu'à l'odeur nauséabonde qui monte de notre vieux péché.

J'irai jusqu'au bout. Parmi tous les romans de Bernanos, *La Nouvelle Histoire de Mouchette* se distingue de tous les autres parce que l'Église catholique visible y est totalement absente : pas de prêtre, pas de paroisse, pas d'église, pas de messe, pas de sermon, apparemment aucune rencontre avec le Diable ou l'un de ceux qu'il possède, pas de saint non plus, un misérable destin humain à peine amorcé, dans un pauvre village d'où on pourrait croire que toute trace du christianisme a disparu. De plus, ce destin se termine par un suicide : Mouchette se laisse glisser et s'endort pour toujours dans l'eau de l'étang. Or, l'Église réprouve le suicide avec horreur. De tous les romans bernanosiens, c'est sans doute celui qui est le plus parfait du point de vue de l'art, dont la musicalité est la plus maîtrisée et aussi la plus expressive.

Pourtant je crois, oui, je crois — et j'en ai trop parlé avec Bernanos pour ne pas en être sûr — que *La Nouvelle Histoire de Mouchette* est, de tous les romans de Bernanos, et contre toute apparence, le plus essentiellement chrétien : c'est le refus du mensonge, qui ne peut mener un être candide qu'en dehors du monde, de ce monde, où l'on ne survit sans doute que par la part de soi-même qu'on abandonne au mensonge. Ce bref roman reprend et développe, dans la dialectique biologique propre au roman et dont le romancier lui-même n'est pas le maître, à travers l'aventure d'un personnage inventé, les derniers mots du curé de campagne, qui sont aussi de Thérèse de l'Enfant-Jésus : « Tout est grâce ! »

L'expression poétique est multiple, au fond comme la destinée humaine, que nul, si ce n'est Dieu, n'est apte à juger au for interne. C'est ainsi que des pièces de Racine, il n'en est peut-être qu'une qui soit authentiquement chrétienne, celle qui doit le plus à Port-Royal : *Phèdre.* A travers le développement du mythe antique, Phèdre est l'appel déchirant de la chair asservie vers sa réconciliation avec l'esprit, vers sa délivrance, vers sa résurrection, c'est-à-dire vers sa transfiguration. La chair elle-même gémit et aspire à l'adoption des enfants de Dieu. Que Port-Royal ait été la puissance génitrice des *Pensées* de Pascal et de la *Phèdre* de Racine suffit à lui assurer dans notre histoire littéraire un trône de gloire, que les Jésuites étaient bien incapables de conquérir. La casuistique a trop de complicité avec le mensonge pour avoir quelque affinité avec la poésie.

« Mouchette, c'est la guerre d'Espagne ! » Cette déclaration est illuminatrice de la guerre d'Espagne, mais encore davantage de Bernanos lui-même. Ce qu'il a vu, il le décrira dans *Les Grands Cimetières sous la lune* : au petit matin, les camions ramassent les suspects, ceux qui ont la réputation de « penser mal », ceux qui ne peuvent pas exhiber un « billet de confession » ou sont incapables de réciter par cœur le *Credo.* Ces camions vont au cimetière, où la tranchée est déjà creusée, où le prêtre est là pour une absolution. Tout se termine par une balle dans la nuque et un corps jeté dans la fosse. La chaux vive est là aussi pour recouvrir les cadavres parce qu'il faut éviter les épidémies.

Quant à lui, Bernanos, son cœur est avec les victimes, il voit en chacune d'elles l'image encore vivante de cet Agneau mystique qu'on mène à la boucherie et qui n'ouvre pas la bouche. Oh, il n'est pas une femmelette, le sang ne lui fait pas peur, la guerre civile non plus.

Après une telle expérience, il s'attend à tout, y compris à la fin du monde. C'est la fin d'un monde et l'avènement d'un monde nouveau que la guerre d'Espagne préfigure. Ce nouveau monde aura ses hauts lieux, dont le plus célèbre reste Auschwitz — puis le Goulag. Mouchette est la personnification de l'enfance de la race, qui dit une fois pour toutes *non* au vieux mensonge, lequel nie à la fois Dieu et l'homme. Elle préfère mourir plutôt que de passer ce seuil, au-delà duquel il n'y a plus d'espérance.

Dans une large mesure Drumont détient la clef de l'univers bernanosien. Et à travers lui peut être percé le secret de Mouchette. Toujours grâce à la bibliothèque de la maison paternelle, tout jeune, Bernanos avait lu Drumont et ne cessait de méditer sur une phrase de lui : « L'homme du passé avait de nobles motifs pour vivre. L'homme d'aujourd'hui a seulement quelques motifs plausibles pour ne pas se tuer et accomplir jusqu'au bout sa corvée. » Phrase d'un poids énorme, que je demande au lecteur de bien vouloir lire et relire, tellement elle est vraie, et chaque jour qui passe plus encore que la veille. Mouchette en est l'extrême illustration. Cette petite fille n'a pour elle que sa candeur. Pour la première fois, elle ouvre les yeux sur la réalité de la vie, et que découvre-t-elle ? Que tout le monde ment, qu'elle-même ne pourra entrer dans la vie que par la seule porte qui lui soit ouverte, la porte basse du vieux mensonge. Mouchette refuse d'abdiquer sa candeur et ne voit d'autre issue pour la sauvegarder que celle de la mort.

Mouchette n'est pas la guerre d'Espagne, elle est Bernanos lui-même devant la guerre d'Espagne. Jamais il n'eût cru possible ce qu'il voyait de ses yeux : tout un épiscopat, des hommes revêtus de la plénitude du sacerdoce de Jésus-Christ, se faire tranquillement, et apparemment en toute bonne conscience, les complices complaisants du roi Hérode dans le massacre des Innocents. Rien ne pouvait le scandaliser davantage. S'il avait jamais dû la perdre, rien n'était plus à même de faire perdre à Bernanos la foi catholique. C'est juste après ce moment-là que je l'ai connu, et je témoigne que c'est

Complicité de l'Eglise –

bien en ces termes que le dilemme en lui s'est formulé.

Il le disait, il l'a même écrit, pour lui l'idée qu'il pourrait un jour perdre la foi catholique s'identifiait à celle qu'il pourrait se suicider, parce que sa foi catholique était sa raison ultime, amplement suffisante, de vivre, et qu'il ne pouvait concevoir sa vie hors de cette foi. La complicité des évêques espagnols avec le crime et l'assassinat des innocents prit Bernanos par surprise, le scandale le pénétra si profondément qu'il ébranla en lui l'armure de l'âme et jusqu'à sa raison de vivre : il se réfugia dans son repaire le plus intérieur, il y rencontra ce personnage fragile, désarmé, lucide : Mouchette, et lui mit sur les épaules tout le fardeau de son angoisse personnelle. Elle seule pouvait aller jusqu'au bout de ce chemin sur lequel, avec horreur, lui-même se sentait engagé, et ce chemin menait logiquement au suicide. Par Mouchette, avec Mouchette, en Mouchette, c'est Bernanos lui-même qui meurt par exténuation de sa raison de vivre : c'est Mouchette qui le sauvera, qui l'exorcisera de son brutal et terrifiant dégoût suicidaire. Dans toute son œuvre, il n'est pas un de ses personnages à qui il doive ce qu'il doit à Mouchette : elle l'a littéralement sauvé de lui-même, et bien que dans ce texte il n'y fasse nulle part allusion, elle a sauvé sa foi catholique. A travers cette enfant qui commet dans son immense candeur l'un des pires crimes que puisse commettre un catholique, Bernanos a pu rester catholique, Bernanos a pu continuer à vivre.

Le mystère de l'univers romanesque bernanosien est aussi vivant, aussi insaisissable aussi poignant que l'univers de la grâce de Dieu, aussi déconcertant. C'est pourquoi j'ai eu la hardiesse de mettre Mouchette, auprès de Bernanos, sur le même rang que les grandes secourables, Jeanne d'Arc et Thérèse de l'Enfant-Jésus. Jamais la vocation du romancier ne s'est épanouie à une telle altitude. Jusqu'au bout, jusqu'à la fin de sa vie, et peut-être encore maintenant au-delà de la mort, Bernanos, le petit garçon Bernanos, dont il parle dans la préface des *Grands Cimetières,* est resté avec ses héros dans une communion de grâce, de prière, d'un salut qui nous vient de l'autre côté du monde.

Ce qui m'a le plus étonné dans le génie bernanosien, c'est sa précocité et la continuité biologique de sa croissance à travers toutes ses vicissitudes, toutes les œuvres produites, toutes ses métamorphoses. On l'a souvent accusé de contradictions. La rationalité est sommaire et prend aisément pour des contradictions ce qui n'est que métamorphoses dans une vie qui, en profondeur, reste dans sa pleine continuité, depuis l'origine. A l'état de manuscrit, a été retrouvé un « papier » de Bernanos daté de 1909, cinq ans avant la Grande Guerre, quinze ans avant *Le Soleil de Satan.* A propos d'un romancier qu'il était destiné à surpasser de très loin, il définit déjà sa vocation propre : « L'effort du génie lyrique pour atteindre le monde des images, la vérité morale la plus nue. Ainsi Dante, ainsi Shakespeare portent le fer et le feu dans le sensible, non pour en tirer au hasard des cris sublimes, mais pour y reconnaître celui de la nature, surprise dans son travail élémentaire. » Quand ce jeune homme de vingt et un ans parle de travail élémentaire de la nature, il faut l'entendre au sens biologique d'un travail d'enfantement, et l'on situera exactement toute l'œuvre de Bernanos si on lit parallèlement le fameux texte de saint Paul dans l'Épître aux Romains, et qu'on le prenne au sens littéral : « La création (ce que Bernanos a appelé " la nature ") attend avec impatience la révélation des enfants de Dieu... la création elle aussi sera libérée de l'esclavage de la corruption, en vue de la glorieuse liberté des enfants de Dieu. Nous savons en effet que, jusqu'à maintenant, toute la création gémit ensemble dans les douleurs de l'enfantement. » C'est à l'écoute de ce gémissement mystérieux que l'oreille de Bernanos fut toujours tendue.

Après avoir évoqué Dante et Shakespeare, ce jeune homme conclut par cet admirable pressentiment de sa propre œuvre et de la place qu'il occupera dans la création littéraire universelle : « Ces grands visionnaires s'appellent d'un ciel à l'autre. Leur œuvre, dépouillée de toute sentimentalité, reste d'âge en âge changeante et mouvante comme la vie, et paraît évoluer avec elle. Chacun peut s'y mouvoir et y respirer librement. »

3.

BERNANOS ET DRUMONT

Il y a les dons de l'écrivain : le lyrisme, l'imagination, le chant, qui lui sont propres : en tout cela, Bernanos est lui, il n'est que lui, sans père ni mère, comme Melchisédech à l'aurore de l'histoire. Et puis il y a le style, le métier d'écrivain, sa manière artisanale, ses procédés de fabrication ; et là, il eut un maître, je ne lui en ai même connu qu'un seul, qu'il n'a jamais renié, qu'il reconnaissait ouvertement car il en était fier, comme l'apprenti est fier du chef d'atelier qui l'a formé : Édouard Drumont. J'aborde ici un sujet tabou, mais Bernanos me vomirait de sa bouche si, dans ce livre où je lui rends hommage, je passais sous silence cette filiation du disciple au maître, la gratitude indéfectible que Bernanos ressentait pour Drumont. Au fond, dans ses écrits de combat, et avec une modestie qu'on ne lui reconnaît pas toujours, la modestie des grands, Bernanos n'a jamais rêvé de faire mieux que son modèle de toujours, Drumont. En 1936, au moment où il écrit cet extraordinaire chef-d'œuvre que sont *Les Grands Cime-*

tières sous la lune, il écrit à un ami : « J'ai résolu d'écrire tout ce que je pense sur le temps où je vis, à l'intention des petits Bernanos inconnus qui doivent subsister quelque part, en différents lieux de mon pays, sans se connaître. Ainsi les révélerais-je peut-être à eux-mêmes, ferais-je pour eux ce que le vieux Drumont a fait pour moi, lorsque j'étais petit garçon. »

Après la mort de Bernanos, les commentateurs de l'œuvre ont ici ou là, et plus ou moins sournoisement, suggéré que Péguy avait eu sur Bernanos également un rôle de maître. Cela est absolument faux. Dans sa jeunesse Bernanos n'a pas lu Péguy. Il est possible qu'il ait ignoré jusqu'à son existence. Comme le grand public, Bernanos n'a eu connaissance de l'œuvre de Péguy qu'après la mort de Péguy, et à cette époque, Bernanos était trop près de *L'Action française* pour même apprécier pleinement l'œuvre de Péguy, qu'il ne découvrit réellement que bien plus tard, lors de la rédaction des *Grands Cimetières* et surtout au cours de son voyage par bateau jusqu'en Amérique du Sud. Péguy n'a aucun rôle dans la formation du génie bernanosien, ce sont deux fleuves indépendants qui se rejoignent tardivement comme juste avant Paris la Marne mêle ses eaux à celles de la Seine. Entre les deux génies, il n'y aucune généalogie, il n'y a que des épousailles ; car c'est vrai qu'à partir de 1937, l'ombre de Péguy a accompagné fidèlement la méditation de Bernanos. Mais Drumont fut là au tout premier départ, Drumont et le catéchisme catholique qu'on enseignait alors aux enfants dans les églises. Je ne vois aucune autre source d'inspiration où le génie bernanosien naissant se soit abreuvé.

Je dois ici évoquer quelques souvenirs personnels. C'est au mois de juin 1937 que j'ai fait la connaissance de Bernanos. Nous nous sommes tout de suite très liés, et c'est en soi une chose surprenante : je l'ai dit, Bernanos n'avait pas d'amis hommes, il avait eu deux amis prêtres mais l'un et l'autre étaient morts ; il avait été trop déçu par l'univers ecclésiastique pour ne pas entretenir une solide méfiance, puissante comme l'instinct, à l'égard des prêtres de rencontre. Je suis donc entré dans son intimité par effraction, et ce fut sans doute miracle que j'y sois resté.

Comme moi, Bernanos ne faisait alors que passer à Paris. Il habitait Toulon, moi, j'habitais mon vieux couvent de Saint-Maximin-La-Sainte-Baume, entre Aix-en-Provence et Brignoles. Nous étions à portée l'un de l'autre : j'allais le voir le plus que je pouvais et il venait me voir.

Il me parla vite de Drumont. Je ne connaissais le nom de Drumont que par le livre que Bernanos lui avait consacré : *La Grande Peur des bien-pensants.* Je suis né après l'affaire Dreyfus, aujourd'hui même je ne la vois qu'à travers les yeux de Péguy. Mon enfance et mon adolescence ont été suffisamment occupées par la guerre de 14-18, la séparation d'avec mon père, par la ruine totale de ma famille, consolées et confortées par ma vocation religieuse, pour que des pans entiers de la vie nationale, voire de l'histoire récente de mon pays, ne soient pas restés pour moi dans l'ombre. D'ailleurs il n'y avait pas de Juifs en Auvergne, je n'en avais pratiquement pas encore vu ; je savais qu'ils existaient : ils étaient pour moi des hommes et des femmes comme les autres, dans le cas où ils étaient français, des Français comme les autres, alors que moi, avant vingt et un ans, je n'étais pas français, j'étais autrichien, à une époque où cette qualité d'autrichien m'a valu infiniment plus d'injures que de bénédictions. Qu'on me dise que les Juifs étaient des gens à part, je me sentais moi-même tellement à part que l'idée ne me fût pas venue de le leur reprocher.

Lorsque je considérais les choses d'un point de vue évangélique, il était évident que le Christ lui-même avait fortement voulu que les siens fussent à part : le petit troupeau, le sel de la terre, le levain dans la pâte. En fait par une connaturalité, par sympathie avec eux dans ma nature et ma destination, les Juifs commençaient de me fasciner. Bernanos ne disait pas « la question juive », il disait « le problème juif », et ce problème le mettait mal à l'aise parce qu'en fait il ne lui trouvait pas de solution, peut-être simplement parce qu'il est insoluble, et qu'il doit en être ainsi. L'Évangile dit : le sel doit rester sel et surtout ne pas s'affadir. Le levain reste pour la pâte un problème insoluble et c'est parce qu'il est tel que la pâte a quelque chance grâce à lui de lever. Pour m'en tenir à un seul domaine : quel serait aujourd'hui l'état de la culture européenne, si on faisait totalement abstraction de ce qu'elle doit, pour le meilleur et pour le pire, à Marx, à Freud, à Einstein, à Mahler, à Kafka, à Proust, à Bergson, à Simone Weil ?

Dans son effort constant de s'attacher à sauver la mémoire de Drumont, Bernanos assurait que pour Drumont, le Juif était surtout le symbole des dangers que représente la puissance de l'argent. C'est vrai que l'argent accumulé représente une puissance, dont aujourd'hui plus que jamais nous percevons les dangers. Mais toute puissance est dangereuse, en premier lieu pour celui qui la détient et qui, étant un homme, est toujours tenté d'en abuser. Mais je constate que tous les Juifs ne sont pas riches, loin de là, je constate surtout qu'ils ont vis-à-vis de l'argent, une liberté et comme une ironie souveraine que n'ont pas beaucoup de chrétiens. Ils se servent de l'argent, ils en ont l'usage, ils n'y sont généralement pas asservis. Parlant d'expérience, je constate que les Auvergnats sont beaucoup plus asservis à l'argent que les Juifs. Je pourrais donner des exemples terrifiants d'absurdité idolâtrique d'Auvergnats, à l'égard de l'argent. Plusieurs fois j'ai rencontré Shylock. Je ne l'ai rencontré qu'en France et il n'était pas juif. Je confesse que, pour les plus courageux, la rencontre de Shylock est redoutable.

Drumont a fait ce qu'on appelle aujourd'hui une « fixation » sur les Juifs, et cette fixation a tourné au délire et à l'hystérie. Dans une certaine mesure, il a entraîné Bernanos dans cette fixation. Mais pour l'un comme pour l'autre, le vrai procès était au-delà : c'était celui de la bourgeoisie française qui depuis le

XIVe siècle a infiltré et corrompu l'exercice du pouvoir politique en France, réduisant la politique française à son niveau le plus bas, l'économie. Pour importante que soit l'économie, à elle seule, elle ne peut faire qu'un peuple comme le peuple français y trouve des raisons de vivre, de se battre s'il le faut pour sauver son âme — ou simplement son identité comme l'on dit aujourd'hui. Dans *Les Grands Cimetières,* Bernanos écrivait, en continuité parfaite avec l'esprit de Drumont : « Le monde n'est pas seulement travaillé par les hérésiarques, il est obsédé par l'idée du suicide. D'un bout de la planète à l'autre, il accumule en hâte tous les moyens nécessaires à cette entreprise. Vous n'arracherez pas un malheureux au suicide en lui apportant la preuve que le suicide est un acte antisocial, car le pauvre diable délibère précisément de déserter par la mort une société qui le dégoûte. »

Aujourd'hui, en 1988, nous voyons clairement à quel point les travaux des historiens les plus sérieux, ceux qui appuient leurs analyses sur des documents indiscutables, Beauménie de Brienne, plus récemment Régine Pernoud et bien d'autres, sont venus conforter cette intuition fondamentale. Bien entendu, à l'époque j'étais incapable d'exposer à Bernanos ces vues. Du moins ai-je su discerner dans Drumont le bon grain de ce que je considérais déjà comme l'ivraie.

Bernanos se défendait avec véhémence d'être antisémite. Le mot lui-même n'avait pour lui aucun sens, et c'est vrai qu'il est absurde, car les Arabes sont aussi des sémites, et c'est bien avec des Arabes que les Juifs d'Israël sont en guerre ouverte. Mais Bernanos ajoutait tout aussitôt que rien au monde ne pouvait l'empêcher d'affirmer qu'il y eût en France un problème juif. Je doute qu'il le dirait encore aujourd'hui où renaît, très vigoureux, une sorte de nationalisme des provinces : Corse, Bretagne, Alsace, Occitanie, etc., et les fortes solidarités qui en découlent. A vrai dire, je crois qu'il y eut en France un problème Bernanos, que lui-même n'a jamais résolu, et vaille que vaille, que par l'exil. Ma condition originelle d'Autrichien naturalisé français, me persuade qu'il y a en France, à ma petite échelle, un problème Bruckberger, que je désespère de résoudre avant de mourir.

Aux États-Unis, où j'ai vécu huit ans, j'ai vu qu'il y a aussi un problème juif, mais il y a également un problème noir, un problème mexicain, un problème portoricain et même, on l'a vu récemment, un problème cubain. L'Amérique est la juxtaposition de minorités fortement typées qui tiennent également à s'intégrer à la grande Amérique et à garder chacune son identité originelle. C'est vrai que l'Amérique est un pays jeune, qu'elle a un estomac d'autruche, ce qui n'est peut-être plus tout à fait le cas de la France. Mais en tout cas en ce qui concerne les Juifs, j'en connais tant qui, au cours des guerres de 14-18 et de 39-45 ont combattu pour la France — et avec quelle intelligence, quelle vaillance — que ce serait une iniquité de refuser à leur communauté le caractère d'une composante essentielle de l'unité nationale.

Toutes les castes de la population française sont loin d'avoir montré, au temps des grandes épreuves nationales, le même dévouement à la patrie et le même souci de l'honneur français. Cela, je l'ai vu, vu de mes yeux. S'il y a un moment crucial dans notre histoire contemporaine, où la bourgeoisie française dans son ensemble s'est désolidarisée à la fois des Juifs et de l'honneur français, c'est bien au moment de la défaite et de l'occupation allemande de 1940 à 1944. C'est donc que l'amalgame entre le Juif et cette bourgeoisie n'était pas aussi indissoluble que Drumont et Bernanos l'avaient cru.

La question juive, « le problème juif » comme il disait, a toujours été un point de divergence entre Bernanos et moi. Je suis français un peu comme les Juifs français le sont, après avoir surmonté des ostracismes dont j'ai souffert. Mais je crois aussi que ce n'est pas la meilleure manière d'être français que de chercher dans la communauté française un refuge de confort matériel et intellectuel. Il n'y a pas d'orgueil à être français, disait Bernanos, et c'est même le sujet d'un de ses livres, mais il y a une fierté qui si elle est vraie doit se mériter et finit un jour ou l'autre par se payer cher. J'ai vénéré dans Bernanos cette manière d'être français, il en a constamment payé le prix fort.

Quant à sa manière d'être chrétien... il me semble que tout chrétien authentique a sa manière à lui de l'être, et que cette manière est alors forcément singulière et personnelle. S'il y a un génie du christianisme, c'est dans la prière de l'Église qu'il se manifeste directement, comme à bout portant : le

Rosaire, qui est une bande dessinée, sur une prière simple et toujours recommencée, consiste à méditer sur les différents événements de la vie du Christ qui sont appelés « mystères » joyeux, douloureux ou glorieux ; expression incomparable de ce génie. Thérèse de l'Enfant-Jésus fut visiblement assignée à vivre les mystères secrets et joyeux de l'enfance. Paul Claudel, si fougueusement poète, à la tête de son escadron de mots et son accompagnement de fanfares, fut appelé à célébrer les mystères glorieux, celui de la création et de la transfiguration du monde et de l'homme. Par une nécessité intérieure qui s'est, tout au long de sa vie et de son œuvre, et de plus en plus exprimée, Bernanos était fasciné par la pitié de Dieu qui s'est si paradoxalement traduite dans la solitude et l'extrême abandon, où Jésus-Christ se trouva au cours de son agonie et de sa passion. Ce n'est pas en ce monde, ce n'est surtout pas nous qui pouvons dire où est la meilleure part. Je lisais récemment une chronique où le catholicisme de Bernanos était qualifié de *maigre* et de *calciné,* à se demander si le critique qui signait ces lignes avait jamais lu une page de Bernanos. J'admire Claudel bien entendu : je me demande néanmoins s'il n'a pas été victime de son éloquence intarissable, si ses personnages n'en font pas un peu trop, s'ils ne sont pas trop intellectuellement cohérents, pour être tout à fait vrais. En Claudel, il y a du Bossuet. C'est un « évêque du dehors » qui évoque le temps où on appelait ainsi de roi ou l'empereur.

Bien avant de connaître l'homme, ce qui me séduisait irrésistiblement dans le style de Bernanos était cette détermination poussée jusqu'à l'acharnement, de ne pas se laisser dépasser par ses dons d'expression, de les mettre au contraire sous le joug afin qu'ils n'outrepassent jamais ce qui doit être dit. Comme Goya à qui il ressemble tant, Bernanos ne cherche pas à vêtir et parer la réalité, il veut la dépouiller de tout artifice, nous la montrer nue et désarmée, à notre merci, si du moins nous avons l'audace de la regarder en face, et, l'ayant regardée, de l'aimer pour mieux la comprendre. Si on tient absolument à introduire Bernanos dans une famille littéraire, c'est à Gérard de Nerval, à Pascal qu'il faut penser, et plus haut encore, à Villon.

Bernanos avait entrepris de me convaincre de l'exceptionnelle qualité d'écrivain de Drumont, de la lucidité de son diagnostic sur la dégradation de notre vie nationale française. A cette fin, il se mit personnellement en peine de rassembler tous les livres de Drumont, déjà extrêmement difficiles à trouver, tant l'ostracisme tacite, dont l'œuvre de Drumont fut frappée, était et reste rigoureux. Cet ostracisme m'indigna, m'indigne encore. En ce temps-là, l'Église catholique avait son *Index des livres prohibés,* qu'on lui reprochait d'ailleurs, comme la preuve que le catholicisme s'était transformé en éteignoir. Par exemple, l'œuvre de Voltaire était à l'Index « en haine de l'auteur » *(in odio auctoris)*; le langage de la Curie romaine était beaucoup plus libre de collier qu'il ne l'est aujourd'hui (il est vrai que Voltaire de son côté proclamait qu'il fallait écraser « l'Infâme », l'infâme était le catholicisme). Cette mise à l'Index n'empêchait nullement que les œuvres de Voltaire fussent dans toutes les bonnes bibliothèques publiques ou privées, et donc accessibles. Or, sans aucun décret officiel de quelque autorité que ce soit, les œuvres de Drumont, même celles qui ne concernaient pas la question juive, avaient pratiquement disparu, étaient introuvables. Aujourd'hui encore, il y a dans l'édition française une intolérance qui s'exerce, non pas contre des œuvres dénuées de talent, mais contre des œuvres de qualité, et sans qu'on puisse situer le pouvoir qui est à la source de certains ostracismes. Toute l'œuvre de Drumont est ainsi victime de son livre *La France juive,* que j'ai lu à ce moment-là et qui ne m'a pas plus converti à l'antisémitisme que la lecture de Voltaire ne m'a fait perdre la foi catholique.

J'ai donc lu *La France juive* : pavé indigeste, entaché d'inexactitudes grossières, contaminé de haine hystérique. Mais j'ai lu aussi tous les autres livres : *La Dernière Bataille, La Fin d'un monde, Le Secret de Fourmies,* tous. Bernanos avait raison, ils étaient pétris d'une dimension spirituelle indéniable et ouvertement catholique, faisaient une analyse aiguë, détaillée, de la décomposition de la société française, posaient un diagnostic irréfutable sur la maladie à l'origine de cette décomposition, pratiquaient la ponction qui va jusqu'au cœur de l'abcès et le vide de son pus. Ce diagnostic se résume ainsi : les élites, ce qu'on appelait encore « les classes dirigeantes », haut clergé, magistrature, microcosme politique, intellectuels, avaient une fois pour toutes démissionné de leurs responsabilités envers la mission civilisatrice de la France, dont elles avaient même perdu la notion. Tous ces gens-là se servaient de la France, mais n'étaient plus à son service. On reconnaît en cela une identité de vue sans restriction entre Bernanos et Drumont, et que Bernanos reprendra avec son génie propre dans son œuvre, pressentant comme si elle était déjà là, la catastrophe, le chaos qui se sont produits en 1940, défaite, pour Bernanos inévitable, et dont la France ne s'est pas encore relevée.

Dans tout ce qu'il considérait comme essentiel, Bernanos était prodigieusement obstiné. Je devinais où il voulait en venir, et sa proposition ne me surprit pas. Du moment que j'avais lu tout Drumont et que — à l'exception de son antisémitisme qui, du coup, pour Bernanos devenait secondaire — j'admirais et aimais le maître de sa jeunesse, Bernanos me demanda de faire à ma guise des morceaux choisis de Drumont. Son projet était d'en faire un livre qu'il préfacerait. Nos deux noms se trouveraient ainsi publiquement associés dans la résurrection d'un écrivain, qu'il considérait comme, dans la maladie d'un être cher, on considère l'arrivée d'un spécialiste habitué à faire des miracles. Je raconte la chose comme elle s'est réellement passée. J'ai donc constitué ces morceaux choisis, Bernanos les a lus et chaleureusement approuvés. Il attachait le plus grand prix à ce qu'ils fussent publiés dans leur présentation convenue entre nous et le plus tôt possible. Le seul retard provenait de ce que la préface n'était pas faite, mais il s'y mettrait immédiatement, promis, juré. Ces morceaux choisis existent tels que je les ai élaborés : ils sont dans les archives des Éditions Grasset.

Quant à la préface, écrite par Bernanos, elle existe aussi, publiée à la sauvette comme si on en avait eu honte. Rien ne s'opposerait donc à la publication du livre, tel que Bernanos en avait fait le projet, tel qu'il le désirait, tel qu'il l'a voulu. Pour ma part, je ne m'oppose pas à la publication de cet ouvrage. Je n'ai jamais relu ces « morceaux choisis » de Drumont : je sais que tels qu'ils sont, j'ai veillé à les centrer exclusivement sur ce qui, dans l'œuvre de Drumont, me paraissait, me paraît encore le principal : le diagnostic clairvoyant et impitoyable qu'il a posé sur les causes de la langueur et de la décadence nationales, dont nous demeurons toujours soit les complices, soit les victimes.

Or, à moins d'un miracle toujours possible avec cet homme qui s'appelait Bernanos, je crois exclue cette publication dans les circonstances actuelles. D'abord ceux qui sont chargés de la succession Bernanos ne tiennent pas compte des volontés les plus explicites de Bernanos, quand ces volontés gênent leurs médiocres calculs : Béguin et Pézeril sont allés jusqu'à expurger des œuvres de Bernanos ; les éditions critiques ont dû maintes fois rectifier le texte. C'est dire. Et puis, depuis Bernanos, nous avons fait beaucoup de progrès en France dans l'intolérance, dans le conformisme, dans l'obéissance passive à des ostracismes d'autant plus redoutables qu'ils n'avouent pas leurs véritables motifs, ni même leur nom. Et le courage des éditeurs parisiens est très souvent tombé au plus bas.

La préface de Bernanos aux morceaux choisis de Drumont a une histoire qui ne s'arrête pas là. Après le départ de Bernanos pour l'Amérique du Sud, les événements en Europe se précipitèrent. Trois mois après ce départ, il y eut Munich, en septembre 1938. Vers cette époque, je reçus le texte de la préface à Drumont. Elle était très longue. Il y avait certes des pages concernant Drumont directement, mais, à son habitude, Bernanos avait de beaucoup débordé son sujet. Il réglait définitivement ses comptes avec l'épiscopat espagnol et *L'Action française*. Charles Maurras venait de poser sa candidature à l'Académie. Bernanos était loin, je n'avais de lui qu'une adresse provisoire. Je me trouvais devant une situation à la fois d'urgence et absolument imprévisible trois mois plus tôt. Il me fallait trancher vite et seul.

Après Munich, où les grandes démocraties anglaise et française s'étaient couchées devant Hitler, je n'étais pas assez niais pour penser qu'Hitler s'en tiendrait là, je me souvenais de la conclusion des *Grands Cimetières* : « Cher monsieur Hitler, nous savons très bien, nous autres Français, que ce qui nous attend, ce n'est pas la défaite, c'est l'écrasement ! » Quand la maison commence à brûler, on ne perd pas son temps à s'efforcer de dénouer le nœud gordien. Quelque soin que je prisse pour que cela n'arrivât pas, il crevait les yeux désormais que la résurrection du nom de Drumont paraîtrait un encouragement à l'antisémitisme nazi, compromettant du même coup le nom de Bernanos dans un camp qui n'était pas le sien. De mon côté, il me fallait aussi garder mon nom intact, rester entièrement libre, pour ce qui allait venir. J'avais des amis juifs, réfugiés en hâte d'Allemagne et d'Autriche, je savais ce qu'il en était ; j'ai voulu éviter à Bernanos comme à moi-même ne fût-ce que l'apparence d'une complicité avec ce qu'il y avait de plus hideux au monde. Et décidai de réserver pour des temps plus propices la publication des morceaux choisis de Drumont, mettant soigneusement de côté les pages qui concernaient directement Drumont, et de publier dans les délais les plus brefs chez Gallimard tout le reste du texte de Bernanos. Restait à trouver un titre. J'en parlai à Jose Bergamin qui me suggéra *Scandale de la vérité*. C'est sous ce titre que le livre parut.

J'avisai de tout cela Bernanos, ce qui me valut une explosion de fureur : « Sacré moine ! Sacré curé ! » Mais déjà je connaissais suffisamment Bernanos pour savoir que l'amitié à son égard devait faire abstraction de toute susceptibilité : si on n'était pas capable de goûter l'éponge de vinaigre, autant cesser d'être son ami. Cette attitude envers lui, je l'ai eue jusqu'au bout, jusqu'à sa mort, très différent en cela de quelques amis posthumes qui se sont servis de lui — très bien servis, merci ! — sous prétexte de le servir. D'ailleurs les colères de Bernanos ne duraient pas plus qu'un orage tropical. Quand il eut le livre en mains, il en fut très satisfait. Il continua de m'envoyer ses textes manuscrits, que je dactylographiais avec soin pour les envoyer à Gallimard. C'est moi qui ai édité (au sens américain du mot) le livre suivant, auquel je donnai le titre : *Nous autres Français,* et je pris dans Péguy le texte de la bande annonce : « C'est embêtant ! dit Dieu. Quand ces Français n'y seront plus, il y a des choses que je fais ; il n'y aura plus personne pour les comprendre ! » Je relaterai plus loin l'histoire abracadabrante du livre *Les Enfants humiliés.*

J'en reviens à ce qui est l'objet de ce chapitre, le style de Bernanos. Ce style, Bernanos le doit à Drumont, à Drumont seul, le maître incontestable et incontesté, jusqu'à la mort proclamé tel. Certes, ainsi qu'il est arrivé maintes fois, l'élève a de beaucoup dépassé le maître, mais la généalogie persiste du maître à l'élève : *Drumont autem genuit Bernanos.* C'est pourquoi, pour l'analyse même du style bernanosien et pour ce chapitre particulier de notre histoire littéraire, le dommage est irréparable de la disparition pratique de l'œuvre de Drumont, comme point de référence.

J'ai parlé de Balzac, de Barbey d'Aurevilly, j'aurais pu parler aussi bien d'Alexandre Dumas, de Dostoïevski, de Nietzsche, et plus tard, beaucoup plus tard, du bien-aimé Péguy, qui ont eu une influence certaine sur le romancier et sur la pensée du polémiste, mais aucun d'eux ne fut véritablement le maître, ne fut d'ailleurs jamais reconnu comme tel par Bernanos. Le géniteur du style bernanosien, c'est

Drumont, ce n'a jamais été que lui. Pendant son adolescence et toute sa jeunesse, Bernanos a lu chaque jour l'éditorial de la *Libre Parole,* il a lu, relu chaque livre de Drumont. Le poète, en Bernanos, ne doit rien à Drumont, pas plus qu'à nul autre. L'écrivain lui doit tout : son métier, son art, la forme première de sa sensibilité face à la vie.

Drumont n'est pas un poète, sinon par brèves fulgurances, il est trop pressé pour être poète. Mais c'est un écrivain vigoureux, honnête, courageux; qui dit ce qu'il veut dire avec une rare économie des moyens. C'est un excellent artisan de la langue française. Bernanos, lui, est poète et un grand poète, comme Chateaubriand, peut-être plus que lui : *La Nouvelle Histoire de Mouchette* et la préface des *Grands Cimetières sous la lune* sont à mes yeux d'authentiques poèmes.

Lisant moi-même Drumont pour la première fois, je fus extrêmement frappé de l'identité de style entre Bernanos et Drumont : la juxtaposition d'une tendre familiarité (allant parfois jusqu'à la confidence intime) avec l'explosion soudaine de la passion qui s'exprime avec véhémence dans l'invective, le trait féroce et vengeur, un sens aigu du ridicule qui fait ressortir l'attitude, le geste ou l'intonation grotesques, le trait qui souligne la contradiction des actes avec la mission officielle dont on revendique pourtant le prestige, l'insolence froide qui balaiera méthodiquement tout le champ de son tir, cette manière constante de prévenir l'objection, de parer à l'avance le coup par une divination redoutable et comme imparable, cette façon de s'embarquer soudain dans un dialogue familier où sont colmatées une à une toutes les issues à cet interlocuteur qui a l'air de se trouver là par hasard, à l'improviste, qu'on accroche sans façon par le revers de son veston ou le rabat de la soutane pour mieux le regarder dans les yeux, cette familiarité qui vous prend là où vous en êtes, vous révèle tout à coup le rapport, effrayant ou sublime, des conséquences aux actes, cette entreprise acharnée d'assainissement des consciences, cette manière subite d'arracher le masque et de montrer sur la face ahurie de l'antagoniste son désarroi, cette urgence à vous stimuler à juger par vous-mêmes au-delà des apparences, cette phrase économe de mots, porteuse d'une dialectique aussi irréfutable qu'inspirée, ont pour géniteur Drumont, avec sa cadence souveraine admirablement maîtrisée, qui se précipite quand il le faut, qui revient au juste moment à un rythme tranquille, comme le souffle régulier d'un puissant animal de jungle, on le trouve chez Drumont, infatigable adversaire à l'affût, adversaire ombrageux, tenace, qui surgit, s'élève contre la moindre menace envers l'âme et le corps de la France. Cette manière qu'avait Bernanos de prendre lucidement tous les risques, les risques les plus grands, et, conscient des dangers qu'ils recelaient, de les assumer aussitôt, c'est aussi Drumont, armé de son indomptable audace. Drumont était myope entre les myopes : il eut au long de sa vie une bonne dizaine de duels, au pistolet, à l'épée, au sabre, avec les plus redoutables adversaires : il les déconcertait tous par sa façon de tirer à l'aveugle ou de se jeter brusquement en avant, c'est ce qu'il appelait « disposer de sa mort ».

Bernanos n'a pas eu à combattre en duel, qui ne se pratiquait plus ; d'ailleurs contre qui se fût-il battu ? Contre Maurras, un vieillard emmuré dans son génie dialectique autant que dans sa surdité ? Contre l'archevêque de Palma de Majorque ? Il est interdit aux ecclésiastiques de verser le sang, ce qui devrait leur inspirer au moins une certaine réserve dans des conflits où le sang est versé. Mais notre société moderne offre bien d'autres moyens que le duel pour réduire les réfractaires, ne serait-ce que, s'il s'agit d'un écrivain insolent qui ne tient aucun compte des conformismes, d'user de moyens sournois et déshonorants afin que lui soient coupés les vivres. De ce point de vue, et tout autant que Drumont, Bernanos n'a cessé de prendre tous les risques. Courage d'autant plus grand qu'il était chargé d'une famille nombreuse : une femme et six enfants.

Alors que Bernanos ne doit rien, dans la formation de sa pensée, dans son style, ni à Barrès, ni à Maurras, ni à Péguy, on ne peut analyser le style bernanosien, sans évoquer celui qui, au départ, l'a profondément marqué, bien qu'une fois encore, l'imagination, le lyrisme de Bernanos, la création romanesque de ses héros, l'immense richesse de coloris de sa palette d'écrivain n'ont aucune filiation, sinon celle qu'il devait peut-être à quelques gènes égarés de sa lointaine ascendance espagnole.

Quelle étrange idée serait celle — dont je soupçonne que l'ont certains — qui voudrait qu'en soulignant ce que Bernanos doit à Drumont, ce serait porter atteinte au génie de Bernanos, le diminuer. L'originalité même du génie bernanosien, sa constance, est d'avoir préservé sa source, d'avoir toujours gardé une gratitude enfantine envers les origines, toutes les origines. En réalité, nul n'est original sans aveu et reconnaissance de ses origines, ou sans un élan joyeux vers une destination qu'il pressent, vers laquelle il aspire dans une projection totale de lui-même. Bernanos est totalement incompréhensible si on le coupe de sa source aussi bien que de sa vocation. D'ailleurs, la dévotion qu'il portait à Drumont allait bien au-delà de Drumont. Drumont a été pour lui le révélateur par excellence, l'émergence à l'air libre des longs cheminements souterrains et féconds qui les reliaient l'un et l'autre à la France la plus ancienne, celle qui était née avec le baptême de Clovis et de ses Francs en 496, un demi-millénaire avant le sacre d'Hugues Capet. Un demi-millénaire dans la vie d'une nation, ça compte, surtout si ce demi-millénaire est celui de la naissance et de l'enfance, de l'adolescence d'un peuple. Dans l'épanchement de son génie propre, Bernanos y associait toujours Drumont, me l'a-t-il assez souvent dit !

Lorsque je le connus, il terminait la rédaction des *Grands Cimetières sous la lune,* était encore sous le choc émotionnel, sous l'effet de l'ébranlement profond que lui valut la guerre d'Espagne. Cette expérience terrible, décisive pour lui, l'avait encore rapproché de Drumont : il se découvrait avec son vieux maître une communauté nouvelle de destin et d'histoire. Ce que je vais écrire, c'est Bernanos et ensuite la lecture des livres de Drumont qui me l'ont appris : plus encore que l'antisémitisme, ce qui caractérise Drumont, ce qui est le plus fondamental chez lui c'est l'impitoyable lucidité avec laquelle il regarde la bourgeoisie française, le courage et la constance avec lesquels il dénonce les effets corrupteurs, néfastes, que la classe bourgeoise française a eus sur le peuple français. Chez Drumont, cela datait de loin, du jour où, jeune journaliste, il était rentré à Paris au moment même où les troupes versaillaises, en 1871, y entraient aussi et commençaient la répression de la Commune : on évalue à 26 000 le nombre des Communards sommairement passés par les armes. Comme dans toute révolution, une poignée de canailles s'est mêlée à l'insurrection de la Commune. C'est cette bande de canailles qui a incendié les Tuileries et l'Hôtel de Ville, c'est elle qui a fusillé un petit nombre d'otages, dont les Dominicains d'Arcueil et l'archevêque de Paris. Je ne sais si les responsables directs de ces crimes ont été châtiés ou s'ils ont échappé. Mais ce qui est certain, c'est que les victimes ont été vengées dans la proportion incroyable de quelques centaines de fusillés pour une seule victime. La bourgeoisie n'y va pas de main morte lorsqu'il s'agit de ramener le peuple français à la raison, à ce qu'elle appelle l'ordre. C'est l'assassinat en masse des innocents au nom de l'ordre que le jeune Drumont a vu en 1871. C'est le même genre de meurtre en masse auquel Bernanos a assisté dans son âge mûr en Espagne ; et il en a été définitivement marqué, comme Drumont.

Alors que les rois de France ont toujours été économes, dans la répression intérieure, du sang français, la bourgeoisie en a été régulièrement prodigue, prête toujours à toutes les épurations, à toutes les hécatombes. Dans l'esprit de Bernanos, le régime de la Terreur à la fin de la Révolution française, la répression de la Commune en 1871, la guerre d'Espagne et son épuration (sans parler de l'immense holocauste que fut la guerre de 14-18, qui fut une guerre civile européenne dont les esprits restaient frappés), tous ces atroces déploiements de rage aveugle et déchaînée se tenaient ; tous issus de la même passion de l'ordre, d'un certain ordre, prophétique des charniers à venir, encore plus énormes et atroces, encore plus immondes. Aucune classe comme la bourgeoisie n'a pratiqué, avec un cynisme aussi implacable, la maxime : « Malheur aux vaincus ! » que, jusqu'à la guerre de 40, elle a fort bien traduite dans l'économie moderne par : « Misère aux pauvres ! » Dans une note de *Nous autres Français* (p. 680), Bernanos, qui avait horreur des notes en bas de page, a pris la peine de porter ce jugement sur notre bourgeoisie du XIXe siècle : « La conception bourgeoise du travail nous eût aussi sûrement menés au rétablissement aggravé de l'esclavage que le communisme à la barbarie. » Pour l'Europe centrale, le malheur fut qu'elle n'eut d'autre choix qu'entre ces deux formes de servitude. Je connais assez la tradition judaïque pour oser dire que les Juifs qui se sont compromis dans cette entreprise bourgeoise d'asservissement trahissaient autant leur tradition que les chrétiens, leurs compères, trahissaient l'Évangile. D'où le caractère absurde d'un certain antisémitisme, celui de Drumont. (Encore que nombre de Juifs fortunés n'aient pas manqué — et mieux et plus que bien des chrétiens de la même caste — à leur devoir dans leurs œuvres charitables, du moins dans l'ampleur qu'ils donnaient à celles-ci.)

On parle bien légèrement des béatitudes évangéliques, auxquelles la piété moderne a réussi souvent à donner une saveur sentimentale qui va contre leur vrai sens. Et il ne faudrait pas oublier les malédictions évangéliques qui font contrepoids aux béatitudes. J'ai déjà évoqué celle qui frappe ceux qui scandalisent les simples, les humbles, les petits, les enfants. Dans *Les Grands Cimetières sous la lune,* à sa manière à lui d'essayer de s'en sortir, Bernanos tentait de s'exorciser de l'effet dévastateur qu'avait produit sur lui un tel scandale. Ce livre a tous les accents d'une confiance enfantine trahie, d'une candeur outragée, c'est pourquoi il nous émeut encore, nous émouvra toujours. Pour le jeune Drumont, l'expérience de la Commune fut aussi le scandale des scandales. Toute son œuvre naîtra de cette plaie à nu, exactement comme *Les Grands Cimetières* sont nés de l'expérience que vécut Bernanos pendant la guerre d'Espagne. Il le savait, il le disait, il vivait avec ferveur cette communion intime avec son vieux maître vénéré : au-delà de cette expérience partagée, apparaît, chez son maître comme chez lui, une filiation d'un ordre qui donnait à celle-ci un autre goût, une autre saveur, la saveur consolatrice par excellence, celle de l'agonie de Jésus-Christ, au moment du total abandon... et qui fut surmonté !

Lorsque j'ai connu Bernanos, presque tout de suite, j'ai eu le sentiment d'un homme pressé, qui hâtait le pas vers quelque rendez-vous qui lui était assigné dès le départ, et dont il pressentait chaque jour davantage à la fois l'urgence, l'amertume et les délices, en tout cas la nécessité inexorable ; rendez-vous qu'il a toujours appelé lui-même « la sainte agonie », où comme le coureur antique, il ne lui sera permis de mourir qu'après avoir délivré le message, et en entier, dont il est porteur. Il n'avait alors plus qu'une dizaine d'années à vivre.

4.

LE POLÉMISTE

LA CARRIÈRE de romancier de Bernanos fut courte, une dizaine d'années. *Sous le soleil de Satan* parut en 1926. En 1936, il ne restait au romancier Bernanos que d'écrire le dernier chapitre de *Monsieur Ouine.* Tout le reste de la vie de l'écrivain, à ses débuts et à la fin, fut accaparée par le journalisme, totalement absorbée dans les remous tragiques de l'actualité où il tenait ferme le gouvernail de son frêle esquif à travers les écueils où tant d'autres se sont fracassés.

Bien entendu, je ne prends pas ici le mot polémiste dans son acception vulgaire, d'un ferrailleur par la plume, ou comme on dit d'un « pamphlétaire », qui déverse sa bile dans son encrier et qui ne peut se retenir de céder au plaisir douteux de l'injure : le Céline des *Beaux Draps.* J'entends le mot au sens étymologique, originel et noble : Bernanos fut essentiellement un homme de guerre, son arme fut sa plume. Arme redoutable, qu'on a souvent comparée à l'épée, dont Bernanos a si bien défini le symbolisme éternel : « La vieille épée de l'honneur, l'épée enchantée qui ne s'ajuste pas à toutes les mains. » Bernanos était essentiellement un homme de guerre, il a voulu que son combat fût à la mesure du malheur de l'homme, des dangers qu'il encourt aujourd'hui et qui prennent la dimension toute nouvelle d'une désintégration atomique des valeurs sur lesquelles il avait jusqu'à naguère vécu.

L'homme de guerre est un homme d'action, il est d'abord un homme de réflexion avant l'action. Le grand capitaine élabore une stratégie et, sous peine de se ravaler au rang de Gribouille, ne se trompe pas d'ennemi. Stratégie est un bien grand mot et qui n'eût pas manqué de faire rire Bernanos. Cependant il avait la lenteur des grands hommes de guerre, celle de De Gaulle par exemple, dont Malraux me disait justement : « De Gaulle a du génie, mais il a l'esprit lent ! » Il m'arrivait de servir d'intermédiaire entre Maritain et Bernanos. Nous étions en 1937, Bernanos revenait d'Espagne où la guerre civile se prolongeait. Bernanos faisait figure de témoin privilégié, incorruptible, direct ; Maritain et Mauriac se sentaient isolés parmi les écrivains catholiques qui, pour la plupart, s'étaient laissé prendre à l'idéal proclamé de la « Croisade » franquiste *(Viva el Cristo Rey!)*. Toute l'intelligentsia française s'affrontait par rapport à ce conflit qui nous touchait de si près. Et voilà qu'on tenait soudain un grand écrivain français qui avait été sur place, qui n'avait pas l'habitude de mâcher ses mots : son témoignage public n'avait pas de prix, et urgeait ! Qu'attendait-il pour se porter au premier rang de la mêlée ? « Nous ne voulons que son témoignage, quelques articles dans *Marianne* suffiraient. Son témoignage, vous comprenez, mais tout de suite ! Ça presse... » Je transmettais en bon agent de liaison que je suis, quitte à me retrouver parfois dans le no man's land entre deux feux croisés. Bernanos restait sourd, ne mettait pas les pieds à Paris, habitait Toulon où, chaque matin, il descendait du Mourillon à moto pour se rendre au Café de la Rade, et se remettre derrière la page blanche de son cahier d'écolier. Il avait pris ses distances avec l'actualité, non pour déserter, mais pour embrasser dans sa totalité la tragédie de l'époque, son sens augural, qui mûrissait dans le ventre monstrueux. C'est bien dans cette retenue de lui-même qu'il était chef de guerre ; à la manière de Foch qui, dans les pires moments, disait : « Nous sommes pressés de partout. Il est urgent d'attendre ! » Comparés à Bernanos, tous les autres — même Maritain, le philosophe, qui par vocation eût dû être plus sensible aux exigences intemporelles — restaient à la surface du bouillonnement d'Apocalypse, ils n'en percevaient que l'écume. Bernanos, lui, comme un homme-grenouille, plongeait tout au fond de l'abîme pour rechercher le cadavre chéri et perdu, celui de la conscience chrétienne, qu'il remonterait à la surface, avec sa face livide de noyée.

Sourd aux sollicitations immédiates de l'actualité, Bernanos écrivait *Les Grands Cimetières sous la lune,* livre qui dépasse de très loin le journalisme et tout le genre panphlétaire. Ce livre est un véhément et éblouissant appel à la conscience et, pour ceux qui attendent encore quelque message de la France, un message digne de la mission civilisatrice qu'elle tint si longtemps et si noblement. Plongeant en lui, Bernanos écrit : « Le crime mis au service d'une certaine médiocrité, voilà l'épreuve que je me permets de redouter pour l'Église. Je dis le crime et non la violence, je ne suis pas une de ces femelles démocrates qui mettent dans le même sac la violence et le crime, parce qu'elles ont placé trop bas, plus bas que le cœur, l'organe des émotions sensibles. On m'avait appris à redouter le crime au service du Mal, et je le voyais au service du seul ordre que je puisse à la fois reconnaître et aimer » (p. 731-732).

L'alliance momentanée entre Maritain et Bernanos était inconsistante, basée sur une équivoque. Maritain, grand métaphysicien, peut-être le plus grand de son temps, bafouillait dès qu'il descendait du ciel métaphysique pour se mêler des affaires de son temps, et il s'en mêlait de plus en plus. Devant la guerre d'Espagne, il avait entrepris d'élaborer hâtivement une théorie de la Croisade dont il faisait un épisode d'une époque révolue, dite « sacrale ». A ses yeux la Croisade était hors d'usage et foncièrement illégitime dans l'époque « profane » où nous vivons. Pour Maritain, une époque sacrale se caractérise par l'asservissement du pouvoir politique temporel au pouvoir ecclésiastique et spirituel. Bernanos éructait : « Votre Maritain diffame la chrétienté française médiévale. Nos rois ont toujours soigneusement distingué le temporel du spirituel, ils n'en étaient que plus chrétiens, car cette distinction a été faite bien avant eux par Jésus-Christ lui-même sur une pièce de monnaie à l'effigie de César, que lui tendait une main ennemie. Saint Louis était chrétien que je sache. Il faut lire dans Joinville comment il a toujours énergiquement rembarré le pouvoir spirituel des évêques et même celui du pape, dans son domaine propre. Jamais le pouvoir spirituel ecclésiastique n'a contaminé le pouvoir royal très chrétien, du moins pendant le Moyen Age ! » Bernanos avait raison.

Il est vrai qu'il est arrivé à un pape et à des moines de prêcher la Croisade, ils l'ont encouragée, ils n'ont jamais forcé quiconque à se croiser. De toute manière, ce n'étaient ni le pape, ni les moines, qui se croisaient, qui quittaient femme, enfants, domaine, pour aller guerroyer à l'autre bout du monde d'alors, c'étaient bel et bien les hommes de guerre. En Terre sainte même, les démêlés des hommes de guerre avec les différents légats du pape prenaient parfois des dimensions épiques et prouvent du moins que la politique des barons chrétiens fut toujours distincte de celle de l'Église, voire parfois opposée. La Croisade fut l'expression spontanée de soldats chrétiens qui voulaient reconquérir la terre que le Christ avait aimée, et qui d'ailleurs avait été terre chrétienne très peu de temps auparavant. A l'époque, reconquérir Jérusalem sur les Turcs correspondait exactement au désir que nous avons aujourd'hui de voir un jour Budapest, Varsovie, Bucarest, Vilna et la terre russe elle-même échapper au joug communiste. Honni soit qui n'éprouverait pas ce désir ! Honte à ceux qui pourraient le réaliser et qui ne le feraient pas ! Je ne suis pas idiot, je ne nie pas que cela est impossible en l'état présent des choses. Ce qui n'est peut-être pas à notre honneur.

A tout cela s'ajoutait la dévotion médiévale pour les pèlerinages. Nos ancêtres n'eussent pas demandé mieux que d'aller à Jérusalem pacifiquement. Mais Jérusalem était occupé par les Turcs, qui n'étaient pas de paisibles écolos. Pour aller à Jérusalem, force était d'y aller en nombre et en armes. Le désir intense pour ces peuples chrétiens était de mettre leurs pas dans les pas de Jésus, de voir et d'aimer le même ciel, la même mer, les mêmes oliviers, de respirer une fois dans leur vie le même air ; et la croisade était avant tout un acte d'amour, le retour de l'amoureux fidèle sur les lieux de son premier bonheur. Dans cette immense aventure des Croisades, on sent sur la langue une saveur prophétique de *La Tristesse d'Olympio :* « Ma maison me regarde et ne me connaît plus. » Jérusalem était la maison de Jésus. Elle était celle de tous les chrétiens. En partant en croisade, les croisés voulaient rentrer chez eux.

Je n'oublie pas l'aspect pénitentiel du pèlerinage. En ces temps lointains, les chrétiens avaient très vif le sentiment inouï de leur baptême, et non moins vif celui que leurs péchés étaient des offenses faites à Dieu, des blessures directement infligées au corps précieux du Christ, leur sauveur. Ils savaient ce qu'il en avait coûté à Dieu de nous arracher à la servitude du péché et à celle du Diable. Et ne se sentaient pas quittes, avec trois *Pater* et trois *Ave* imposés dans l'ombre du confessionnal. Pour ces soldats, la Croisade exprimait le goût violent d'expier leurs péchés, d'exprimer au Seigneur Jésus combien ils l'aimaient malgré leurs fautes, de le lui montrer concrètement par la fatigue corporelle de la longue marche, les risques encourus pour lui, les combats bien menés sous le heaume, et l'épée à la main. Au fond ce que ces chrétiens-là faisaient encore le mieux, c'était la guerre, leur guerre : comment ne pas en rendre aussi l'hommage à leur Seigneur ? La Croisade a hanté tout le Moyen Age, elle hantait encore l'âme de Jeanne d'Arc et de Catherine de Sienne, comme un acte suprême de charité collective.

Il fallait aussi anticiper sa propre mort par la séparation effective et pour un long temps de tout ce qu'on aime légitimement sur cette terre où Dieu nous a mis.

Dans les Temps modernes, le parti communiste a exigé de ses militants les mêmes renoncements et aussi, quand il le fallait, la guerre. Ces renoncements n'ont pourtant pas le même sens que celui des Croisés. Il n'est que de lire le bon Sire de Joinville pour s'en rendre compte : la vie des croisés était une hiérarchie des amours, le plus haut l'emportant sur les inférieurs sans les abolir pour autant, les consacrant au contraire. Le militant révolutionnaire a fait vœu de ne rien aimer d'autre que la Révolution ; il ne se reconnaît véritablement qu'un seul amour, celui de la Révolution ; ce qui est une idolâtrie. Par toutes les fibres de son être, Bernanos aimait, vénérait la Croisade. Pour lui, Franco déshonorait l'idéal même de la Croisade : en avait dévoyé le sens et l'esprit, crime parmi les crimes ! Quand saint Remi, archevêque de Reims, instruisait un catéchumène qui s'appelait Clovis, il lui racontait la Passion de Jésus-Christ. A l'évocation de certaines situations humiliantes où s'est trouvé Notre Seigneur, le chef franc s'écriait : « Que n'étais-je là avec mes Francs ! » Les scribes et les pharisiens n'en eussent pas mené large devant ces guerriers aux yeux bleus et à grosse moustache. C'était déjà la Croisade en herbe.

A sa façon, Franco aussi voulut « être là », et il y fut, mais du côté des scribes et des pharisiens, aux côtés de ceux qui ont craché sur la face sacrée. Que Franco fît la guerre — et une guerre civile — soit, mais Bernanos ne lui pardonnait pas d'avoir pris le saint nom de « Croisade » alors qu'il avait entrepris d'exterminer, non des soldats en armes, mais des pauvres sans défense : sacrilège, comme fut sacrilège la communion de Judas. Il ne pardonnait pas aux évêques espagnols de s'être publiquement compromis dans ce sacrilège. « Il est dur, écrit-il, de regarder s'avilir sous ses yeux ce qu'on est né pour aimer. »

Qu'on ne vienne pas me dire, parce que le contexte a changé, que les avertissements de Bernanos ont perdu de leur actualité et de leur urgence : la médiocrité des chrétiens reste la même, le goût de la trahison chez une certaine catégorie de pasteurs aussi. Seuls les étendards du totalitarisme ont changé. Et tout totalitarisme, d'où qu'il vienne, reste ce qu'il est : une violation du plus intime de l'homme. Au temps de Bernanos le danger immédiat venait du nazisme, il vient aujourd'hui du communisme. L'un autant que l'autre sont mortels pour la conscience chrétienne : les pavillons ont changé, mais ils recouvrent la même marchandise totalitaire : mettre l'appareil de l'Église — puisque son message n'a pu être encore définitivement extirpé des esprits — au service du crime. Franco osait appeler « Croisade » son entreprise d'épuration. Aujourd'hui on n'utilise plus le mot *Croisade,* mais celui de *« Théologie de la Libération »,* et rien de changé : on utilise la docilité et la discipline confiante des catholiques en vue d'une prise de pouvoir et par des moyens criminels, dont des innocents font les frais, en trompant leur bonne foi. Bernanos écrit : « N'eût été la farouche énergie du vieux pape (c'est de Pie XI qu'il s'agit), les associations catholiques risquaient bien de se retrouver un jour, presque à leur insu, au service de la propagande totalitaire... L'état présent du monde favorise merveilleusement cette sorte de malentendu » (p. 733). Je vous le demande, en quoi cet avertissement si clair a-t-il perdu de son actualité ? Autre parole, pour son époque d'une lucidité quasi prophétique tellement il était seul à y voir clair : « Le marxisme, premier-né de l'hérésie totalitaire, ouvrait la voie aux fascismes. » Serait-ce parce qu'il leur a survécu qu'il a cessé d'être totalitaire ? Parce qu'il est le plus coriace des totalitarismes ?

A strictement parler, Bernanos n'est pas un moraliste, encore moins un professeur de morale, même pas un « professeur d'énergie » au sens barrésien du mot, toutes ces appellations l'eussent consterné ; si la plus grande partie de son œuvre polémique est non seulement une condamnation, mais une dérision de ce qu'on appelle une « politique réaliste » qui fait profession de cynisme, qui s'enorgueillit de trahir la parole donnée et de tout sacrifier à l'intérêt immédiat de la nation, cette réaction exprime moins une révolte de la conscience — ce qu'elle est indubitablement —, mais surtout l'indignation, la fureur, la stupeur, la pitié qu'éprouve un vieux loup de mer qui voit un gamin étourdi et tout à la fois prétentieux, proclamant son dessein de faire le tour du monde en solitaire et qui commence par jeter la boussole à l'eau et à casser le gouvernail. Ceux qui ont connu des marins savent que, dans une telle situation, l'exclamation qui leur vient naturellement aux lèvres est celle de « petit con ! » C'est exactement sur ce ton et dans ce sens que Bernanos parle si souvent des « imbéciles ». Je crois que je livre là une des clefs du langage bernanosien. Bernanos ne donne pas de leçon : il défend les instruments du salut.

La politique dite réaliste paraissait à Bernanos non seulement une duperie, mais une prodigieuse niaiserie, où un Français avait tout à perdre, perdait effectivement tout, donnait tout sans contrepartie ; le corps même de la patrie, sa terre, mais aussi son âme, tout cela pour du vent. Au fond, il n'y a personne plus facile à duper que celui qui se vante de ne jamais être dupe, il n'y a pas plus gogo (Bernanos écrit coco) que celui qui professe en tout le cynisme.

Cette règle vaut du moins en France, pour les Français. Le « réalisme » va mal aux Français, ils y sont toujours un tantinet ridicules, en tous les cas toujours perdants. Bernanos s'irritait, surtout chez les gens de droite de son temps, de leur air cocu et content, affiché avec ostentation, et qui l'écœurait.

Les accords de Munich en septembre 1938, qui ont provoqué en France un si lâche soulagement, furent acclamés comme le chef-d'œuvre d'une politique réaliste. S'éleva alors de ce pays une clameur immense, le « *Te deum* des lâches ». De son lointain Brésil, Bernanos, lui, ne vit dans ces accords et cet ignoble soulagement que ce qu'ils étaient réellement : le reniement de la parole que la France avait donnée à un petit allié, qui représentait pourtant une menace au flanc du Grand Reich. Il y voyait surtout la confirmation de ses plus funestes pressentiments quant à l'*écrasement* prochain qui guettait la France elle-même, et qui se produisit en effet en mai-juin 1940.

C'était avant la guerre. Paris n'était pas encore une ville envahie par la bagnole et ses odeurs. Cette soirée de printemps s'alanguissait sous les marronniers en fleur, et un ciel d'une transparence lumineuse, douce, allègre. En marchant le long des jardins des Invalides, je rencontre par hasard le père Maydieu, un autre Dominicain. Comme pour lui et pour moi les obligations de la journée sont achevées, nous entamons une longue conversation, allant et venant sur le trottoir. Nous échangeons nos réflexions sur notre vocation commune dans un monde où, en contraste avec ce printemps glorieux et tendre, nous sentons s'accumuler les menaces qui, plutôt qu'aux affirmations péremptoires, nous condamnent aux tâtonnements. A un détour de la conversation, le père Maydieu me dit : « La chrétienté, vous, vous y croyez ? » Cette interrogation est soulignée par un sourire, d'ailleurs bienveillant mais un peu condescendant, éclairé par la malice d'un regard qui en général à Paris fige de timidité le provincial fraîchement débarqué, et qui pour rien au monde ne voudrait passer pour un imbécile. Quelle que fût la séduction que Paris exerçait alors sur moi, je n'étais pas affligé de cette sorte de timidité, surtout s'agissant de ma foi ou du christianisme. Dans ce cas, certains sourires donnaient littéralement des ailes à mon insolence naturelle ; bref, je savais déjà qu'à Paris plus qu'ailleurs, il faut avant tout oser rester soi-même. Je raconte cette anecdote parce qu'elle se situe à l'époque où je venais de rencontrer Bernanos et où il écrivait *Les Grands Cimetières.* Dans ses conversations, Bernanos faisait les brouillons de ses livres. Il y essayait à tout moment des formules qu'on retrouverait mot pour mot dans son texte, comme celle-ci : « La chrétienté se tait, la France se tait, cela ne fait qu'un seul silence. » Trois années plus tard, avec le désastre de 1940, ce double silence deviendrait celui du tombeau. Bernanos serait de l'autre côté de la mer. Il est vrai que, depuis un certain matin de printemps en Palestine, dans le jardin de Joseph d'Arimathie, il faut se méfier du silence des tombeaux, qui peut précéder le fracas d'une résurrection. Quant au temps et au moment, leur double évaluation échappe définitivement aux chrétiens, et à ceux qui ne le sont pas tout aussi bien. Il me semble aujourd'hui que nous sommes au plus épais du samedi saint du monde, où la foi n'est plus qu'à la garde d'un amour en deuil de l'Absent. Notre temps est au deuil, et c'est dans la sincérité et les profondeurs de notre deuil que s'est réfugiée l'espérance, elle-même voilée de noir. Nous ne connaissons pas le visage de ce qui va venir, que nous attendons, nous savons du moins quels sont les devoirs du cœur et qu'une foi sans défaillance reste la substance inaltérée de ce qu'il nous faut espérer. Tout le reste ne concerne que Dieu et sa complicité jamais démentie avec sa créature exténuée.

Bernanos ne craignait pas de parler de chrétienté comme Péguy en parlait, il ne craignait pas non plus, comme Péguy, de parler de croisade, dans un langage tout à la fois de commémoration et d'espérance. Sur ces deux points tout au moins, le monde moderne nous dispense des voyages et des traversées aléatoires. Les régions infidèles *(partes infidelium)*, comme le Royaume de Dieu lui-même, sont au-dedans de nous ; c'est au-dedans de nous, dans notre esprit, dans notre cœur, dans nos mœurs, qu'il nous faut maintenant livrer bataille et faire la Croisade. La « Croisade » franquiste, qui avait jeté l'outrage sur la face du Christ-Roi par tant de crimes, avait définitivement vacciné Bernanos contre toute entreprise du même genre. Quant à la chrétienté, un régime politique et temporel chrétien, le monde moderne le rend de plus en plus improbable, puisqu'il s'est précisément édifié contre elle, en se donnant pour idéal la sécurité pour tous. Or il n'y a pas de chrétienté sans risques, y compris le risque de l'insécurité matérielle. Cela encore Péguy l'a fort bien dit : « Ne peuvent mener une vie chrétienne (il veut dire chrétienne de chrétienté), c'est-à-dire ne peuvent pas être chrétiens (de chrétienté) ceux qui sont assurés du pain quotidien. Je veux dire temporellement assurés, et ce sont les rentiers, les fonctionnaires, les moines. Peuvent seuls mener une vie chrétienne (de chrétienté), c'est-à-dire peuvent seuls être chrétiens, ceux qui ne sont pas assurés du pain quotidien. Je veux dire temporellement assurés. Et ce sont les joueurs (petits et gros), les aventuriers ; les pauvres et les misérables, les industriels ; les commerçants (petits et gros) ; les hommes mariés ; les pères de famille, ces grands aventuriers du monde moderne. » Rien n'est plus bernanosien que cette description des conditions de la chrétienté définie par Péguy. Je ne connais pas de texte qui éclaire mieux que celui-là à quel point le monde moderne s'est édifié contre l'esprit et la nature essentielle de la chrétienté. Bernanos a écrit que le monde moderne s'est tout entier édifié en haine de l'ancienne France. Cette haine en est le ciment. Ce texte de Péguy montre aussi combien est représentatif du monde moderne le socialisme (et le communisme : socialisme poussé à sa logique extrême), combien ce monde moderne est dans la même mesure, assassin de l'esprit de chrétienté : l'idéal socialiste et communiste est que chaque citoyen devienne fonctionnaire, soit garanti contre tout imprévu, bardé de sécurité comme les paysans bardent de lard une volaille prête à être mise au four. L'idéal du monde moderne est d'éliminer tout risque, toute aventure, toute improbabilité, finalement toute vie vécue, car la vie se définit essentiellement comme un « phénomène hautement improbable » : il n'y a que les morts qui ne risquent plus rien, du moins en ce monde, parce que c'est peut-être au-delà de ce monde que nous attend le plus grand risque qui nous reste à courir, l'acceptation ou le refus d'une autre nativité, d'une autre vie, que l'Évangile appelle « la vie éternelle ». Tout nous suggère que la mort n'est que le commencement d'une nouvelle aventure.

Sur ce point capital, Bernanos et Péguy ont la même conception et les imprécations de Bernanos contre le « rentier-roi, le rentier-dieu » rejoignent la position de Péguy. Ce que l'un et l'autre reprochent à la bourgeoisie, c'est d'éliminer les risques, de ne pas vouloir faire les frais d'une refonte nécessaire de la société. Il y a d'ailleurs continuité essentielle sur ce point entre bourgeoisie, socialisme et communisme. Péguy l'a écrit : la manière pour un ouvrier de s'embourgeoiser, c'est de devenir socialiste. Et nous sentons même de loin que si, demain, en Russie, il y avait des élections parfaitement libres, il y aurait fort à parier que le régime communiste serait plébiscité. La prophétie d'Ivan Karamazov s'est réalisée : l'homme soviétique considère que le plus grand malheur de l'homme est sa liberté, il n'a rien de plus pressé que d'en déposer le fardeau pourvu que lui soit assurée la sécurité matérielle, même médiocre. Le christianisme, celui de l'Évangile, exalte et surexcite toutes les aspirations de l'homme vers la liberté, il l'incite à se prendre en charge devant Dieu et devant les hommes. Socialisme et communisme prennent les hommes en charge, les dispensent de penser, d'apprécier la situation où ils sont, c'est-à-dire de vivre à hauteur d'homme.

Pour Bernanos comme pour Péguy, la chrétienté comme la croisade sont affaire des laïcs, pas des clercs, de laïcs, c'est-à-dire d'hommes engagés dans le temporel, qui connaissent les risques du temporel, qui assument consciemment ces risques. Bernanos disait : « A nous le temporel, à pleines mains ! » Les moines peuvent bien prêcher la croisade, il ne faut leur faire aucune confiance pour la faire : ce n'est ni de leur compétence, ni de leur vocation, et à coup sûr ce n'est pas cela que Dieu attend d'eux.

La question se pose dès *Sous le soleil de Satan,* Bernanos continue de la poser à chacun de ses livres ultérieurs, et au fur et à mesure de façon plus nette, plus tranchante, plus brutale aussi. En quoi Bernanos se sent-il autorisé à condamner avec cette intraitable sévérité le monde moderne, au point, on le sent bien, qu'il n'y a plus aucun compromis possible entre le monde moderne et lui ? Cette situation fut exactement celle de Péguy, et cela dès 1909 avec *Le*

Dialogue de l'Histoire et de l'Ame charnelle. Mais Péguy n'en est arrivé là qu'après un long cheminement : quelle distance parcourue entre les écrits « socialistes » de 1898 et ceux de 1914 !

Ce qu'il y a de stupéfiant chez Bernanos, de stupéfiant et d'éblouissant, c'est que l'antagonisme avec le monde moderne est un point de départ. Dès *Le Soleil de Satan,* en 1926, la guerre est déclarée, les enjeux définis avec précision, Bernanos a tracé les limites de son champ clos, il a marqué son territoire, il n'en sortira plus. Malgré les voyages et les déménagements, la vie et l'œuvre de Bernanos restent à l'intérieur de ce champ clos, verticales dans l'ascension et l'approfondissement. Je ne dis pas cela à la légère. J'ai personnellement ressenti le choc brutal que fut l'interview, datée du 17 avril 1926, de Bernanos par Frédéric Lefèvre, dans *Les Nouvelles littéraires.* Bernanos avait trente-huit ans, je ne le connaissais pas, et n'avais lu de lui que *Sous le soleil de Satan.* Je terminais mes études secondaires, j'étais séminariste à Saint-Flour, j'avais dix-neuf ans. Toute mon éducation avait été aux mains de bons prêtres, tout pénétrés de vénération pour notre âge classique et notre XVIIe siècle. Je ne lâchais pas le journal, lisais, relisais cette contestation solennelle et sans ménagement qui invoquait la pureté de la foi catholique, ma foi, pour renverser et balayer tout ce que jusque-là on m'avait enseigné à considérer comme inébranlablement exemplaire.

« Le catholicisme n'est pas une règle seulement imposée du dehors, c'est la règle de la vie, c'est la vie même. Toute œuvre d'art qui exprime quelque chose de la vie intérieure nous appartient par là même. L'analyse profonde des passions suppose la notion du péché. Sans elle, l'homme moral reste un monstre au sens exact. L'honnête homme, tel au moins que l'imaginent les professeurs, est un mécanisme bien monté, un animal cartésien (...) Il ne mourait pas : il s'arrêtait, comme une montre. On ne peut nier que la Renaissance ait abouti là. Jamais pareil effort ne fut tenté hors du plan de la rédemption. Qu'on ne nous oppose pas l'homme antique. S'il tient haut la tête, ce n'est pas dans l'orgueil de sa raison, mais dans la pieuse acceptation de la destinée, d'un *fatum* supérieur aux dieux. » Quelle brièveté, quelle densité dans ces phrases, dont chacune touchait le centre de la cible, comme le tir bien réglé d'une mitrailleuse lourde !

Plus loin : « On voudrait faire du diable un simple spectateur qui n'intervient que pour applaudir ou siffler. De là à le nier purement et simplement, il n'y a qu'un pas vite franchi. Et le diable écarté, le moraliste n'exerce qu'un temps sa magistrature. L'hygiéniste l'a bientôt remplacé. Plus de diable, mais aussi plus de morale (...) une hygiène. » Écartant Gide avec mépris, il définit sa propre vocation de romancier : « Le roman catholique, ce n'est pas celui qui ne nous entretient que de bons sentiments, c'est celui où la foi s'affronte avec les passions. » Je me souviens que je tremblais au pressentiment que ma propre vie serait un tel roman, ce qu'elle a été en effet. Et il conclut, traçant d'une manière sûre la ligne directrice de toute son œuvre à venir : « Nous n'avons pas fini de démontrer à la bête matérialiste qu'il n'est pas bon, ni sûr, de se croire tout à fait à l'abri, dans son sac de peau, des entreprises de l'âme. »

Il allait plus loin, il allait beaucoup plus loin. Chaque jour cet homme poussait sa réflexion, non pas au bout de la route car la route ne finit pas, mais jusqu'à l'épuisement de ses forces. Pour lui, être romancier et catholique, c'était tout un. Et il n'hésite pas à dire : « Qui pense et parle français est bien près de retrouver son autre langue maternelle, le *credo* véritable du catholicisme romain. » Aujourd'hui que nous les lisons à froid, ces paroles pourraient passer pour l'expression du délire, s'il n'y avait pour les illustrer vingt livres, signés Bernanos, un des plus hauts génies de notre langue.

J'avais dix-neuf ans. Je venais de recevoir la grâce la plus précieuse qui puisse vous être faite à cet âge indécis. Je me découvrais un maître, le MAÎTRE, dont la parole effaçait tout l'enseignement reçu jusqu'alors, pour m'ouvrir des perspectives nouvelles, prolongées jusqu'à l'infini, qui s'intégraient parfaitement à ma foi catholique qui, dès ce jour, ne m'apparut plus jamais comme une entrave mais comme la liberté, la clef des champs et la clef du chant. C'est ainsi que Bernanos eut une influence directe sur ma vocation dominicaine. A corps perdu, à âme tout entière disponible, j'allais me jeter par la brèche ouverte, sans me douter qu'au-delà m'attendait un guide secourable, Thomas d'Aquin, bien antérieur à la Renaissance, cette Renaissance que

Bernanos venait de marquer au fer rouge de l'apostasie et de l'infamie.

A cet âge où l'on est plus ou moins un chien perdu qui se cherche un maître, je m'en étais trouvé un, et je le savais, pour toute ma vie. Le procès qu'il faisait à la Renaissance et à l'âge classique, au nom de la foi catholique, me parut, me paraît toujours irréfutable. Catholique, je l'étais, je n'étais même que cela, n'ayant aucune patrie, privé de mon père, étouffant dans l'atmosphère familiale puis dans celle du Séminaire et dans mon Auvergne natale. Je percevais toute l'énormité du reniement qui m'était proposé, celui de toutes mes études classiques : j'en pris le risque de plein cœur, mettant résolument mes pas dans ceux de Bernanos vers ce que je pressentais être une solitude, mais aussi une liberté, la liberté. Il y a de cela plus de soixante ans. Je ne me suis pas trompé : ce maître que je me suis donné alors ne m'a jamais menti, j'espère ne l'avoir jamais trahi. Malgré toutes mes fautes (que j'ai toujours prises pour des péchés, des blessures faites au corps sacré du Christ), je dois sans doute à ce maître la fidélité essentielle à ma vocation, l'espérance que je garde malgré tout d'obtenir à la fin la miséricorde de Dieu et celle de l'Ordre auquel j'appartiens.

C'est l'une des grâces les plus perceptibles de ma vie, l'un des signes les plus lisibles du téléguidage de Dieu sur moi, que d'avoir, à dix-neuf ans, prêté une oreille attentive à la voix de Bernanos, d'en avoir reconnu la puissance d'attraction et d'avoir osé si totalement y céder. Désormais j'avais une boussole dans la main : je pouvais affronter mon siècle dans ses horreurs comme dans ses merveilles, dans ses modes et ses frivolités comme dans sa plus profonde angoisse, je n'allais plus au hasard. Certes, je devais me délester de bien des choses qu'on m'avait fait engranger, mais dès lors que j'ai pris une grande décision, le tri s'opère vite. Lorsqu'on a résolu de partir pour un tour du monde en navigateur solitaire, le premier souci est de ne prendre avec soi que le strict essentiel : j'étais fin prêt pour doubler le cap Horn et affronter les moussons. O délices de la gratitude que de devoir rendre hommage à ce génie de lucidité et d'amour, qui lui-même devait tout au catholicisme et à ses exigences fondamentales !

Aux temps lointains où je découvrais Bernanos, grâce à lui j'ai perçu nettement la coupure décisive, sinistre infiniment, qu'a été la Renaissance dans le développement de la France. Cette coupure a été plus ruineuse pour le génie français que ne le sera plus tard la Révolution française.

Bernanos parlait de la Renaissance avec le plus profond ressentiment ; elle lui paraît avoir stérilisé, vidé de sa substance vivante, la tentative la plus sublime qui ait été entreprise de restaurer l'esprit évangélique, celle de François d'Assise. Après la mort du Poverello, quel soulagement ! « La canaille dorée ou pourprée avait eu chaud. Ouf ! Après quoi, ce fut, comme on dit, une fameuse reprise des affaires. Jamais la vente des indulgences n'avait rapporté si gros. Vraiment, ça ne retient pas votre attention, cette bacchanale de la Renaissance, les ruffians bariolés, princes, ministres, astrologues, cardinaux, peintres et poètes, drapés d'or ou bardés de fer, tous dévorés par le mal napolitain, menant leur ronde infernale, avec des hennissements, autour de la tombe du pauvre des pauvres, découvreur d'Amériques invisibles, mourant au seuil de ces jardins enchantés ? » (p. 505).

Au travail de Bernanos romancier, je l'ai déjà dit précédemment, rien ne ressemble plus que le travail de l'accouchement. Mais il y a plus singulier encore : l'œuvre entière de Bernanos ne fait qu'un, même si, pour la commodité, on la divise entre l'œuvre romanesque et les « écrits de combat », car ceux-ci sont plus qu'un témoignage sur l'histoire et l'époque qu'il vivait. Bernanos observait, concevait, découvrait un sens à l'histoire et à sa propre époque, exactement à la manière dont il écrivait ses romans : à la seule différence qu'en la circonstance il n'avait pas à créer ses héros ; ceux-ci lui étant offerts tout faits, il ne lui restait qu'à essayer de les comprendre. Or c'est en cela qu'il est incomparable : il se comporte à l'égard de personnages historiques exactement comme avec les héros de ses romans : aux uns et aux autres ne faut-il pas rendre justice, les uns et les autres ne faut-il pas tenter de les comprendre ? Et l'unique moyen de comprendre n'est-il pas d'aimer ? Pour Bernanos, il en est de l'histoire comme du roman : elle n'a pas à nous entretenir de « bons sentiments », elle aussi est le champ clos où la foi s'affronte avec les passions. Et

Bernanos ajoutait : « Il faut rendre le plus sensible possible le tragique mystère du salut... Prenons les personnages de Dostoïevski, ceux qu'il appelle lui-même " les Possédés ". Nous connaissons le diagnostic porté sur eux par le grand Russe. Mais quel eût été celui du curé d'Ars par exemple ? Qu'eût-il vu dans ces âmes obscures ? » C'est dans cette même perspective qu'il faut lire toutes les méditations que Bernanos nous a laissées sur l'histoire, sur son temps, sur ceux qui en furent les grands acteurs.

C'est encore suivant cette même perspective que Bernanos jugeait la Renaissance, époque terrible, qu'il situait dans son contexte dramatique, strictement chrétien, entre François d'Assise et Luther.

La révolte de Luther est née du scandale provoqué par la Renaissance italienne dont les papes furent complices : appel pathétique à la pureté de l'Église primitive. Bernanos parlait fraternellement de Luther, « frère Martin ». Malheureusement, en climat chrétien, la révolte contre ceux qui détiennent les clefs du Royaume est un remède pire que le mal. Cela aussi Bernanos le savait, et il savait que la Réforme fut le premier ébranlement précurseur de tous les séismes qui allaient secouer dans ses tréfonds toute foi en Dieu et par là en la noblesse et en la véritable dignité de l'homme.

C'est bien en quoi Bernanos considérait la Renaissance comme un acte de piraterie, un hold-up, dont le génie français fut la première victime, ou comme l'un de ces coups de Bourse qu'on appelle une « offre publique d'achat », où le propriétaire présumé et qui

Paul Valéry —

se croyait légitime se trouve tout à coup complètement dépossédé de son entreprise. Cette piraterie, ce coup tordu, cet attentat contre le génie originel de la France, ne fut possible que par la coalition des puissances d'argent, représentées par la bourgeoisie montante, avec les cuistres et les appareils universitaires.

Cette alliance en France de la classe bourgeoise avec l'Université, au fond contemporaines l'une de l'autre comme deux jumeaux, dure depuis tant de siècles, qu'elle en est venue à produire un mimétisme de l'une sur l'autre, qu'avec sa perspicacité coutumière, non pas Bernanos, mais Paul Valéry a souligné : « L'université représente dans l'ordre de l'intellect la même timidité, la même petitesse, la même crainte du risque, le même doute inférieur, et les mêmes qualités, que le petit bourgeois français montre dans l'ordre de la vie, et qui nous ont fait si restreints, à l'heure où grandissaient les peuples » (*Cahiers II,* p. 1557). Cette coalition de l'Université de Paris avec la grande bourgeoisie « collaborationniste » avait déjà été responsable du procès et de la condamnation de Jeanne d'Arc. Par quelle malchance pour le pays, par quelle trahison de leurs missions propres, les puissances naturellement tutélaires du génie français, l'Église et la Royauté, au lieu de s'opposer de toutes leurs forces à ce hold-up et à cette piraterie, s'en firent-elles au contraire les complices ? Ce qui advint par la suite allait nécessairement se révéler fatal au génie français.

Ni dans ses écrits ni dans ses propos, Bernanos n'alla jusqu'à faire ce rapprochement explicite entre la condamnation de Jeanne d'Arc et ce que j'appelle le grand attentat de la Renaissance contre le génie originel français, mais ce rapprochement je n'aurais pu le faire si je n'avais connu et lu Bernanos. C'est lui qui m'a appris à voir en Jeanne d'Arc l'incarnation, l'expression même de ce que la civilisation française a produit de plus pur et de plus haut, la chevalerie. C'est encore lui qui m'a fait comprendre que la Renaissance tant vantée fut un guet-apens dressé contre cette même civilisation, et quel guet-apens ! On a remplacé l'imaginaire traditionnel de ce peuple, qui était un imaginaire chrétien, avec sa légende dorée de miracles, d'anges et de saints familiers, par une mythologie gréco-latine incomprise et grossièrement travestie. Remplacer l'imaginaire d'un peuple par un autre en toc, auquel il ne peut adhérer, comme attentat et comme crime, ça vaut bien le meurtre à froid d'une fille innocente et héroïque, ça pèse encore plus lourd dans l'histoire que le Tribunal et le Bûcher de Rouen, c'est une entreprise encore beaucoup plus vaste : si Jeanne d'Arc qu'on a brûlée à Rouen était le vivant symbole de la chrétienté, ce que la Renaissance a jeté au feu c'est la chrétienté elle-même tout entière. Du jour au lendemain, enfin en moins de cent ans, tous ceux qui ont vocation d'exprimer naturellement le génie des peuples, les peintres, les sculpteurs, les poètes, les architectes, se sont donné non seulement de nouveaux héros, mais de nouveaux modèles, de nouvelles règles, ont renié publiquement et dans l'enthousiasme toute la gloire artistique du Moyen Age, ses traditions, son inspiration, pour faire se plier de force le génie chrétien sous le joug d'une mythologie artificielle à laquelle nul ne pouvait croire. Tel était sans doute le but : *priver la foi chrétienne de ses moyens d'expression, en même temps que couper radicalement de toute croyance les racines de l'art.* Des deux côtés, et pour la foi chrétienne et pour l'art, c'était une entreprise meurtrière, un attentat infiniment plus funeste contre le génie primitif français, que n'importe quelle défaite militaire.

L'étrange est qu'à l'origine de cette entreprise, on retrouve les mêmes acteurs, exactement les mêmes, que pour le meurtre de Jeanne d'Arc : la Sorbonne et les intellectuels, la bourgeoisie de Paris, les légistes et les tribunaux ecclésiastiques, l'entourage du roi de France et le roi de France lui-même qui, s'il n'a pas ourdi la trahison, l'a laissée se perpétrer en son nom. Il y a eu beaucoup d'hypocrisie dans la célébration du millénaire capétien : sur « les quarante rois qui ont fait la France », il y en a une bonne moitié qui ont contribué à la défaire, contribué à détruire son génie originel. Ce qui me paraît impardonnable.

Voyant et disant les choses ainsi, je suis sûr de rester dans l'esprit de Bernanos car je ne fais que tirer les conséquences, je dirais de son enseignement, si le mot « enseignement » à son sujet ne l'eût fait éclater de rire. Guidé par sa seule foi, Bernanos vit clair lorsqu'il situait la coupure néfaste qui s'était produite en France bien avant la Révolution française, et affirmait que celle-ci n'était qu'une conséquence à retardement de la Renaissance. A la Renaissance, comme

Jeanne d'Arc était tombée aux mains de juges retors, l'âme de la France est tombée aux mains de cuistres, qui ne l'ont plus lâchée depuis. C'est de la Renaissance que la Révolution française a hérité son incroyable jargon, issu de l'idolâtrie de la Rome antique. Depuis le procès de Jeanne d'Arc, nous savons qu'en France les cuistres ont vocation à se transformer en bourreaux. Quand Saint-Just prononçait cette formule abjecte : « Ou la vertu, ou la Terreur ! », ce n'est pas du tout aux béatitudes évangéliques qu'il pensait, c'est à la « vertu » romaine. Bernanos méprisait la Rome antique et le peuple romain : « cette tribu de boucs, légistes et constructeurs » ; il a dit à quel point la Renaissance fut la trahison explicite de François d'Assise, et en France, en quelque sorte la consommation du procès de Jeanne d'Arc. Par-delà Jeanne d'Arc, la France brûlait ce qu'elle avait adoré à Reims, au baptême de Clovis ; elle en faisait un grand feu de joie. C'est là, à cette profondeur, que se situe l'antimaurrassisme de Bernanos : comme les socialistes datent volontiers l'origine du génie français à la Révolution française, Maurras considérait la Renaissance comme la plus haute expression du génie français, alors que pour Bernanos la Renaissance fut le moment du fondamental reniement de ce génie même, où le génie français s'est volontairement coupé de ses origines chrétiennes, et singulièrement catholiques. Crise qui a touché toutes les élites de la nation, et le clergé catholique lui-même. Subitement honteuse de ses origines, la France s'est ingéniée à les camoufler en couvrant de mépris le

Moyen Age, volontairement méconnu ; une méconnaissance dont nous sortons aujourd'hui avec tant de peine et, il faut bien le dire, avec quelques malentendus. La France reniait son passé pour se forger, par imagination et menterie, des origines mythiques et mythologiques, se regardant soudain comme l'héritière directe de la civilisation antique grecque et surtout romaine, dont elle interprétait d'ailleurs le sens de travers. A propos des Bacchanales, qui sont à l'origine de notre Carnaval, on disait à Rome : « *Semel in anno licet insanire !* » Une fois par an, il est permis de faire les fous. Chez nous, la Renaissance fut un Carnaval qui n'a pas duré un jour mais des siècles : les grands Jacobins de 93 en titubaient encore d'ivresse : Brutus et les Gracques leur étaient plus parents que Clovis, Roland et Charlemagne. Il serait tout à fait faux de croire qu'aujourd'hui nous soyons dessaoulés, nous avons encore la gueule de bois, et particulièrement tout ce qui chez nous garde quelque prestige de culture et quelque autorité d'enseignement, y compris dans les milieux catholiques.

Depuis l'origine, du baptême de Clovis à Noël 496, jusqu'au XIIIe siècle, la France est restée substantiellement dans le droit fil de sa vocation : c'est là qu'elle est devenue, selon l'expression de Bernanos, une manière de vivre, une « civilisation ». Au cours de ce demi-millénaire, se structura cette langue française qui serait le « gentil patois » de Jeanne d'Arc, la prose dense, familière et magnifique de Pascal, que se cisela cette manière de vivre, cette civilisation française, que Louis VII au XIIe siècle définissait par ces mots qui eussent enchanté Bernanos s'il les eût connus : « La France, c'est le pain, le vin, et le sourire. » Le pain et le vin doivent être entendus dans leur sens aussi bien matériel qu'eucharistique, et s'il y a jamais eu une complicité privilégiée entre Dieu et les Français, c'est bien dans le sourire, un certain sourire. De ce temps doit dater la locution populaire : « Heureux comme Dieu en France. » A l'époque, les Français se sentaient protégés par le sourire de Dieu et ils répondaient à Dieu par un sourire, jusque dans leurs pires épreuves. Rien n'est plus bernanosien et péguyste. Voilà ce que fut l'enfance de la race. Pour Bernanos, je le répète, quiconque renie son enfance commence à tomber en pourriture.

Or, avec Philippe le Bel, avec l'inoculation du droit romain dans nos institutions, avec l'instauration de l'État moderne et la création de l'idée de nation, avec l'accaparement croissant de la puissance politique par la bourgeoisie légiste et marchande, puis enfin avec la Renaissance proprement dite, la France s'est dévoyée de sa civilisation singulière : par une aberration botanique incroyable, elle a tenté de se donner non seulement un autre environnement mais d'autres racines que les siennes. Certes, son génie était si vigoureux, si généreux, si puissant au sens biologique du mot, que, malgré cette transplantation contre nature, elle a produit encore des fruits merveilleux qui ont ébloui le monde, de même qu'un garçon de grande race qui se dévoie garde encore quelque chose de la noblesse de ses origines : cela se ressent très bien dans le *Don Juan* de Molière. Il n'empêche qu'il est dévoyé, hors de sa voie. L'imposture serait de croire que les chefs-d'œuvre, je parle des très grands chefs-d'œuvre qui font la gloire de notre âge classique, ne sont que le produit de notre Renaissance, alors qu'ils sont en vérité, comme la *Phèdre* de notre Racine, un rappel indirect et pathétique de la fécondité de ce génie originel, s'exprimant même à travers une greffe étrangère et contre nature, dont tout autre génie moins vivace serait mort sur le coup.

J'écris ces choses en 1988, à la fin du deuxième millénaire, je les écris aussi simplement, aussi fortement qu'il m'est possible de le faire pour éclairer l'esprit et l'œuvre de mon maître Bernanos. Je sais quelle résistance elles rencontreront, je les écris au risque de passer moi-même pour fou ou gâteux, tant elles heurteront de plein fouet des idées reçues, admises, vénérées partout, jusque et surtout dans les instances les plus hautes de notre intelligentsia. Je sais aussi combien les idées reçues ont la vie dure, combien elles mobilisent de résistances par la force des habitudes, comme le disait Bergson, à quel point elles restent dangereuses et menaçantes, moins parce qu'elles sont fausses, que parce qu'elles sont acceptées, et quelle est la solidité du joug, la dureté de l'asservissement consenti.

A vrai dire, aujourd'hui mon audace est moindre qu'il n'y paraît. Les temps sont mûrs. Outre Bernanos et Péguy, d'autres fraient la voie. La collection

« Bouquins », qui rend d'immenses services trop peu remarqués, vient de republier un livre capital, que je n'avais pas lu avant cette réédition, *Les Origines de la France contemporaine,* d'Hippolyte Taine. Alors ça, Monsieur Taine, c'est du sérieux : universitaire, éminent professeur, qui s'appuie sur des témoignages irréfutables, accumule les références, n'avance pas d'un quart de pas sans s'être assuré que le sol sous ses pieds est solide. Et que dit-il, Monsieur Taine ? Que notre âge classique est le fils de la Renaissance ? Bien sûr, personne ne le conteste, aucun professeur ne se dérangerait pour démontrer une telle évidence ! Ce que dit Monsieur Taine, ce qu'il montre et démontre, est bien plus surprenant, et personne ne s'en était avisé avant lui. Il dit, il prouve que notre Révolution française, surtout à partir du moment où elle est devenue jacobine et terroriste, est fille directe légitime de notre âge classique, dont elle n'a fait que pousser à l'extrême logique toutes les chimères, son goût de l'abstraction et des idées générales. Notre Révolution française est donc petite-fille légitime de notre Renaissance. L'absurdité du maurrassisme est de maudire la Révolution française en refusant d'étendre cette malédiction et à notre âge classique, et à la Renaissance qui l'a engendré. Et ça, c'est énorme, c'est décisif, c'est formidable et, comme tout ce qui est vrai, c'est finalement irréfutable. Monsieur Taine le premier, et tous ceux qui l'ont lu ont su que c'était irréfutable.

La Révolution française n'a fait que pousser jusqu'au délire l'engouement pour la mythologie

Des Rois maudits.

romaine et pour une histoire romaine devenue mythique, créatrice de mythes sanglants. C'est au nom de ces mythes qu'on a coupé la tête du roi consacré, qu'on a coupé au portail des cathédrales les têtes des saints, jugées encore plus offensantes pour des citoyens purs et durs, qui, comme le disait Bernanos, « pissaient du Plutarque jour et nuit ». Il fallait effacer tout témoignage des origines chrétiennes de la France et de la dévotion des aïeux. Tout ça fut très logique dans un peuple logique : le germe du délire fut ensemencé par Philippe le Bel et ses légistes, quand la dynastie capétienne a accepté la notion romaine de l'État, en vue de grandir l'État aux dépens du génie français, quand on en est venu à remplacer les fidélités par des idéologies, et les coutumes par des lois abstraites qui ne sont que des carcans.

Avant Monsieur Taine, il y avait eu Michelet, dont *L'Histoire de France,* du moins des origines jusqu'à Louis XI, reste un livre admirable de divination et de sympathie profonde avec cette France des commencements, où elle était un pays « hérissé de libertés ». Bernanos et Péguy avaient lu Monsieur Taine, ils avaient lu aussi Michelet, mais leur génie et la grâce qui leur fut donnée approfondissaient singulièrement ce qu'ils avaient lu. Maurras aussi avait lu Monsieur Taine, il l'a mal compris, il n'a pas compris l'essentiel. Il a accepté le procès de la Révolution française. Il a refusé d'accepter les conséquences de ce procès, à savoir qu'on ne peut maudire la Révolution française, sans suspecter fortement du même coup et notre âge classique et notre Renaissance d'où le dévoiement est parti.

J'ai eu la chance de rencontrer Bernanos et de devenir son ami, à un âge où l'intelligence et la sensibilité ne sont pas encore sclérosées ; j'ai eu la chance de devenir Dominicain et de faire mes études dans l'Ordre, dans une Province de l'Ordre, à une époque où Thomas d'Aquin était encore l'unique maître, incontesté, de la formation dominicaine ; j'ai eu aussi la chance de lire Péguy. Quand on est jeune, il ne faut pas lire beaucoup mais choisir ses maîtres, les lire, les relire, tâcher de comprendre et de retenir. Mais je ne me fais aucune illusion, je n'espère pas obtenir plus de faveur que mes maîtres, je sais que ce livre ne servira pas à grand-chose, que les mauvais plis de l'esprit sont trop invétérés, pour qu'on les abandonne volontiers ; et parce qu'au fond, au fin fond des choses, les esprits modernes n'aiment pas assez la vérité pour la chercher avec courage, en y mettant le temps, qu'ils préfèrent naturellement à la vérité le confort intellectuel.

La perception qu'avait Bernanos du destin français était bien celle-ci cependant, il l'a dit clairement ici ou là à diverses reprises. Cela apparaît de façon éclatante dans l'édition nouvelle et complète du *Chemin de la Croix-des-Ames,* où, pages 777-778, il définit la généalogie des démocraties totalitaires, fait remonter cette généalogie jusqu'aux monarchies de droit divin, à l'engouement absurde de tout le monde intellectuel pour le droit romain, qui a servi d'instrument privilégié à nos rois et à la bourgeoisie pour confisquer nos antiques libertés au profit de l'État. Je ne sais si Louis XIV a dit : « L'État, c'est moi ! », mais la formule résume bien l'esprit de son règne. Et pour Louis XIV, l'État, c'était la France ; malheureusement et parallèlement les Français et la France s'éloignaient l'une des autres, comme on s'éloigne d'un miroir où on ne se reconnaît plus. La déroute de 1940 a eu certainement cette signification : peut-être pour la première fois dans leur histoire, tout à coup les Français ne se sont plus du tout reconnus dans la France, se demandant soudain s'il valait encore la peine de l'aimer et surtout de mourir pour elle. Sur cinquante générations, les Français ne s'étaient certes jamais auparavant posé une telle question.

Semblable vision de la France et de son histoire mettait forcément Bernanos en porte à faux : même parmi les historiens, qui se préoccupait du premier demi-millénaire français ? Sous l'influence de la psychanalyse, on sait aujourd'hui que le tout premier âge de l'homme, et, d'après d'autres recherches, même sa vie prénatale et intra-utérine, sont déterminants sur le destin d'un homme. Bernanos était fasciné par l'enfance du génie français, comme d'ailleurs par sa propre enfance : il trouvait que la dignité de l'homme mûr était de vivre d'une certaine manière qu'il n'ait pas à rougir devant le petit enfant qu'il a été, de pouvoir toujours regarder en face ce petit enfant. Il eût voulu qu'il en fût de même pour les Français, à l'égard de la France enfant.

Péguy, Bernanos furent l'un et l'autre hors

d'aplomb par rapport à leur époque, non par aveuglement mais par excès de clairvoyance, c'est leur époque qui était aveugle. On les traitait d'insensés. Ils ne faisaient que crier casse-cou !

Quand, en 1937, dans *Les Grands Cimetières,* au cours de la harangue au « cher monsieur Hitler », qui clôt superbement le livre, Bernanos déclare froidement : « Nous savons très bien, nous autres Français, que ce qui nous attend, ce n'est pas la défaite, mais l'écrasement ! », qui était fou ? Lui ou les journalistes de droite, d'*Action française* en premier lieu, qui le traitaient de forcené ? Cet homme était d'une lucidité effrayante, parce qu'il ne s'arrêtait jamais, comme la plupart d'entre nous, aux seules apparences, allant au cœur de toute chose. Ce qui est dur à vivre. Ceux qui l'ont connu savent à quel point l'angoisse pouvait étreindre Bernanos, parfois jusqu'à l'agonie de l'âme. On s'est même beaucoup interrogé sur les causes de cette angoisse. Je crois qu'il faudrait déplacer la question. Le plus surprenant n'est pas que Bernanos fût labouré d'angoisse, c'est que nous le soyons si peu. Un monde qui a perdu Dieu est un monde qui a réellement perdu son centre de gravitation universelle aussi bien des esprits que des corps, c'est un monde au bord de la désintégration. Le stupéfiant est que nous n'en ressentions aucun vertige. Mais que nous n'ayons pas le vertige n'empêche en aucune manière les progrès du chaos. Toutes les galaxies, toutes les constellations, tous les systèmes planétaires des âmes paraissaient à Bernanos en équilibre instable au bord de l'abîme, équilibre soutenu

— jusques à quand ? — par le miraculeux garde-fou de la prière et des sacrifices de quelques saints inconnus. Que ce contrepoids perde de sa densité et le monde sombrera dans le chaos. Quand on a cette vue des choses en permanence, jour et nuit, n'est-il pas normal d'en ressentir de l'angoisse ? L'épouvante coupait le souffle de Bernanos au spectacle de ce que ses yeux voyaient. D'être quasiment le seul à voir ce qu'il voyait ne faisait que le torturer davantage, à l'angoisse s'ajoutait la solitude.

La négation de Dieu, dérisoire en regard de la présence de Dieu, est encore plus dérisoire, et en plus pathétique, en regard de l'absence de Dieu. Le comble du paradoxe est que la négation de Dieu ne soulage en rien le besoin que l'homme a de Dieu pour aimer aussi bien que pour comprendre, pour s'estimer et s'aimer soi-même en premier. La négation de Dieu n'enlève rien à la faim que l'homme a de Dieu, à la soif que l'homme a de Dieu. On le sait depuis toujours, l'homme est un animal religieux. L'homme moderne est un animal religieux qui refoule son besoin de Dieu : les instincts les plus élémentaires, primitifs, quand ils sont, non pas disciplinés, mais purement et simplement refoulés, provoquent les comportements les plus aberrants, dont il faut savoir déchiffrer la véritable cause et le sens. Notre manie de tout diviniser, tout et n'importe quoi, pourvu que ce ne soit pas le vrai Dieu, n'est que l'expression de notre instinct religieux refoulé. Le Diable est derrière chacune de ces simagrées. Bernanos l'a mieux dit que moi : « Les hommes du Moyen Age n'étaient ni très pitoyables, ni très chastes, mais il ne serait venu à l'esprit d'aucun d'entre eux d'honorer la luxure ou la cruauté à l'exemple des anciens, de leur dresser des autels. Ils assouvissaient leurs passions, ils ne les divinisaient pas » (p. 568). Ce que nous prenons pour une libération universelle de tous les tabous n'est sans doute qu'une prodigieuse régression vers les plus antiques, les plus féroces, les plus asservissantes idolâtries.

Je l'ai senti profondément à Delphes et à Olympie, la religion des anciens Grecs pouvait exprimer, dans la candeur, un hommage détourné au Dieu Inconnu. Les paroles de Socrate qui va mourir, « Je dois un coq à Esculape ! », ne me paraissent pas un blasphème. Mais après l'apparition sur cette terre et en Jésus-Christ de la bénignité et de l'humanité de Dieu, notre sauveur, une telle candeur n'est plus possible, et nos idolâtries prennent un tour non seulement grotesque mais elles sont chargées de menaces.

Bernanos, le voyant, l'extralucide secoue, invective, gifle, agit comme on agit avec une personne évanouie dont il faut absolument qu'elle reprenne connaissance. L'art polémique de Bernanos n'est que l'expression de son inquiétude fraternelle pour notre survie, de son inlassable pitié. Aussi cauchemardesque soit-il, le réel vaut mieux que le rêve ou le coma.

Quoi qu'il arrive — et il va nous en arriver des choses ! — la dignité de l'homme est de rester éveillé, son salut commence au moment où il s'efforce de comprendre, ainsi qu'un noyé qui revient enfin à lui après un long bouche-à-bouche sauveur, regarde autour de lui, pose les questions élémentaires : « Où suis-je ? Qu'ai-je fait ? Que font ces gens autour de moi ? Moi ici ? Et moi, qui suis-je ? » Ce sont ces questions-là qui font le véritable écrivain, plus généralement l'artiste et le poète, quand il a la chance, comme Bernanos, de savoir les exprimer de manière à ce qu'elles soient entendues.

L'écrivain en Bernanos ne progresse pas de manière linéaire. On pense plutôt aux révolutions de planètes autour d'un soleil qui leur sert de foyer. Le soleil : sa foi chrétienne. Les planètes : ses thèmes de méditation : la Croisade, la chrétienté, le basculement au temps de la Renaissance, le Diable, Dieu, chacun de ces thèmes pris dans le champ d'attraction du soleil de sa foi de chrétien, de chrétien appliqué, éminemment attentif à demeurer sans dévier au centre de ce cœur, attractif et libérateur de la révélation chrétienne.

5.

LE CHEMIN DE LA CROIX-DES-ÂMES

Le Chemin de la Croix-des-Âmes, de Bernanos, vient d'être republié dans une édition complète, qui serait définitive, si elle n'était encore émaillée de quelques erreurs de lecture. Je n'en relèverai qu'une. Bernanos parle quelque part du film d'Orson Welles, paru pendant la guerre, et qu'il vient de voir, *Citizen Kane.* Par une étourderie désopilante, les éditeurs ont traduit : « Le citoyen Kant. »

Cet ouvrage reste l'un des plus étranges de Bernanos, l'un des plus révélateurs de ce que furent son labeur d'écrivain et sa vie. Il a quitté la France en juillet 1938, avec une importante réserve d'argent (dont on doit bien pouvoir retrouver les traces dans les archives des éditeurs), consécutive au succès immense du *Journal d'un curé de campagne* et des *Grands Cimetières,* et enfin au contrat récemment signé avec Gallimard. Son embarquement est de moins de trois mois antérieur aux accords de Munich, dont il pressent l'outrage : le reniement solennel de la parole donnée à un allié, et le prélude à la catastrophe qui s'ensuivra, annoncée dans *Les Grands Cimetières.* Il a acheté une *fazenda* où il vit, perdu dans l'immense et impitoyable *sertão* brésilien. Il y vit au milieu des vaqueiros, de son énorme troupeau de vaches à demi sauvages, de ses chevaux, dont sa monture préférée, le cheval Oswald, du nom de l'ami qui le lui a offert. Bernanos n'est pas un bon gestionnaire, il n'est ni Mauriac ni Voltaire qui surent vivre très à l'aise de leur métier d'écrivain. En réalité, l'argent lui a toujours fait peur, peut-être justement parce qu'il n'a ni le goût de le gérer ni la compétence pour le faire, pour effectuer à son propos des choix réfléchis. Pour paradoxal que cela paraisse, je crois qu'une part de la tendresse qu'il vouait à sa femme provenait de l'extraordinaire faculté qu'elle avait de le débarrasser de l'argent. Bref, la petite fortune qu'il a emportée de France lui a fondu entre les doigts. La guerre est là, il est coupé de la France et il lui faut vivre et faire vivre sa femme et ses six enfants. Un biographe de Bernanos devrait éclaircir cet épisode de son existence car il est très révélateur de l'attitude de Bernanos dans les affaires de ce monde, et de l'ironique et discrète protection de Dieu sur lui jusque dans ses embarras matériels, qui furent innombrables. Dieu avait une manière bien à lui de tirer d'affaire cet enfant étourdi qui n'a jamais rien compris à l'argent et à ses subtilités.

En effet, au moment où il en a un urgent besoin, un grand journal de Rio lui demande une chronique hebdomadaire, qui lui assurera, à lui et aux siens, une subsistance décente durant toute la guerre et jusqu'à son retour en France. On sait aujourd'hui que, derrière cette collaboration journalistique, il y eut un ami brésilien qui, sous ce masque, a dissimulé la puissance de son influence personnelle et sa générosité financière, tout en ménageant la susceptibilité de l'écrivain qui, ne se doutant de rien, s'étonnait de constater combien les journaux brésiliens payaient plus largement leurs collaborateurs que les journaux français. Je n'ai pas connu cet ami brésilien, bien que j'en aie beaucoup entendu parler ; il s'appelait Virgilio de Mello Franco. Il était de ces amis au dévouement inépuisable qui ont accompagné Bernanos tout au long de sa vie et qui furent les ministres et les instruments de la Providence de Dieu sur lui. Entre Bernanos et Virgilio de Mello Franco, il y eut certainement une amitié qui s'est vite muée en complicité de deux destins, l'une de ces amitiés qui survient parfois entre deux êtres exceptionnels, comme ces alliages particulièrement indissolubles parce qu'ils ne sont pas de ce monde et ne peuvent s'opérer que dans la stratosphère.

Dans *Dialogues des Carmélites,* Bernanos a parlé de l'échange des morts ; même dans la conversation familière, il affirmait que, par l'effet de la communion des saints et de la réversibilité non seulement des mérites mais des destins qu'elle implique, deux êtres particulièrement liés pouvaient échanger leurs morts, comme on se trompe de manteau au vestiaire. Je me demande si ce n'est pas exactement cela qui est arrivé entre Bernanos et Virgilio de Mello Franco. Dans son œuvre, dans sa correspondance, Bernanos y a fait plusieurs fois allusion : il s'attendait à mourir de mort violente, ce qui ne lui est pas arrivé. Le 5 juillet 1948, à un jour près, un siècle après Chateaubriand (et cela aussi est étrange), il est mort dans un lit. Mais au Brésil, Virgilio de Mello Franco a été assassiné avant la fin de cette même année. « Le mort saisit le vif » a un sens mystérieux, bien différent de celui que les notaires donnent à cette expression.

Le Chemin de la Croix-des-Ames débute par une amorce de journal qui ne fut pas poursuivie. Ces quelques pages sont touffues, difficiles à lire, souvent obscures, mais elles sont très significatives de la manière dont Bernanos travaillait. Ce n'était qu'en écrivant qu'il parvenait à se retrouver en situation d'écrire. Ces quelques pages ne sont qu'un préliminaire, comme ces bruits disparates qui montent de l'orchestre avant le concert, lorsque chaque exécutant accorde son instrument. Bernanos écrivain n'est pas traversé d'illuminations comme un lecteur hâtif pourrait le croire. C'est un homme qui creuse à l'aveugle, qui creuse en lui-même longtemps et très profond, comme on creuse un puits dans un sol ingrat jusqu'à la nappe phréatique. L'eau qu'il finira par trouver est celle d'une communion, l'eau lustrale de la réconciliation avec ce qui lui fait le plus de mal, la réalité de ce qui est, de ce qui s'est irréversiblement produit. Pour lui, pas de révolte possible avant cette acceptation crucifiante : « Non ce que je voudrais, mais ce qui est, ce que Vous avez voulu qui soit ! » Cette étape terrible franchie, la révolte prend naturellement la forme de la prière. Il l'a écrit : « La prière est la seule révolte qui se tienne debout ! », debout de tout son poids pour peser sur le cœur de Dieu, maître de l'histoire et de chacun de nos destins, qui, absolument seul, peut nous aider à comprendre, et éventuellement tirer le bien du mal le plus insupportable.

C'est par ce cheminement douloureux que Bernanos communie avec la France bafouée, renoncée, déshonorée, laissée de l'autre côté de l'Océan. Même chez de Gaulle et à ce moment-là, je ne crois pas qu'il y ait eu communion plus intime, plus vivante, entre un homme et la France vaincue. La vocation de De Gaulle est celle de l'action, l'action politique et militaire, et l'action est un divertissement au chagrin. La vocation de Bernanos est autre, c'est celle de la compassion, elle ne comporte aucune distraction, mais un compagnonnage inexorable avec l'être aimé, dont on ne reconnaît pourtant ni la voix, ni les gestes, ni même le visage, dont on ne sait plus qu'une seule chose, c'est qu'il est vôtre et que vous êtes sien, quel qu'il soit, quoi qu'il ait fait ou défait, et dont vous vous demandez s'il se réveillera un jour du coma profond dans lequel il a sombré. Au début du livre, Bernanos cite l'expression de Shakespeare, « la part honteuse de la nuit », pour conclure au sujet de la France : « Je ne refuse rien, j'accepte toutes choses telles qu'elles sont, j'accepte et la honte et la nuit. » Comme un homme entré en religion, il s'est enfermé par vœu dans cette honte de la France et dans cette nuit d'hiver qui menace de ne jamais finir. Pendant plus de quatre ans, il poursuivra sa méditation, sa lamentation prophétique, son acte de charité et d'espérance vis-à-vis de la France déchue et inoubliable, toujours passionnément aimée. Les plus sinistres prédictions des *Grands Cimetières* s'étaient réalisées, l'état de son pays était bien pire que ce pire qu'il avait prévu et redouté.

Le Chemin de la Croix-des-Ames est une chronique qui s'étend de 1940 à 1945, la période la plus lugubre de toute l'histoire de la France. Or, il y est à peine question des événements énormes qui assourdissent la planète, et quand il en est question c'est par allusion, ou bien pour dénoncer l'imposture cachée qu'ils révèlent indirectement. Parfois Bernanos se trompe dans son analyse sur un événement, comme par exemple sur les raisons de la présence de l'amiral Darlan à Alger au moment du débarquement américain en Afrique de Nord, en 1942. Mais cela importe peu et n'atteint nullement ce pouvoir qu'il a de pénétrer jusqu'en leurs ressorts les plus intimes les acteurs principaux de cette effroyable tragédie qui se déroule dans le monde, en même temps que sur la scène de son théâtre intérieur de romancier. Dans cet ouvrage, autant que dans n'importe lequel de ses grands romans, Bernanos reste un dramaturge qui essaie d'introduire la cohérence de sa vision dans le désordre de l'histoire. Paradoxalement dans cette lutte colossale où son cœur est tout entier dans le camp des alliés (où combattent d'ailleurs deux de ses fils et l'un de ses neveux), Bernanos reprend, plus vigoureux que jamais, son procès contre les démocraties. J'ai connu des Français de bonne volonté, vivant alors comme lui au Brésil, qui en ont été profondément scandalisés. A distance, on comprend mieux ce que beaucoup ont pris pour du pessimisme et une aigreur de l'âme. Bernanos ne pardonnait pas aux démocraties d'avoir bousillé la victoire si chèrement acquise de 1918, il ne leur pardonnait pas d'avoir amené le monde à une Seconde Guerre mondiale, et pour l'avenir, il les croyait absolument incapables d'imposer une paix digne de ce nom. En quoi il vit clair puisque aucun traité de paix ne fut signé.

On croit que Bernanos était antidémocrate parce qu'il était royaliste et de plus sous l'influence de *L'Action française.* Ce qui est une erreur flagrante d'interprétation. Certes, comme le disait Aristote, les définitions de mots sont libres, c'est bien pourquoi il importe de les définir pour savoir ce dont on parle. Bernanos n'avait probablement pas de la démocratie la même conception qu'en avait, par exemple, Roosevelt : le gouvernement du peuple par le peuple. Or, quand on cherche dans l'œuvre de Bernanos une définition de la démocratie, et qu'on la trouve dans *Les Grands Cimetières,* on s'aperçoit avec stupeur (pp. 388-389) que, pour Bernanos, la « démocratie » signifie précisément la désintégration d'un peuple, la réduction d'un peuple à l'état de conglomérat hasardeux de molécules à la fois identiques et non identifiables : « La démocratie est l'état naturel des citoyens aptes à tout. Dès qu'ils sont en nombre, ils s'agglomèrent et forment une démocratie. Le mécanisme du suffrage universel leur convient à merveille, parce qu'il est logique que ces citoyens interchangeables finissent par s'en remettre au vote de ce qu'ils seront chacun. Ils pourraient aussi bien employer le procédé de la courte paille. Il n'y a pas de démocratie populaire, une véritable démocratie du peuple est inconcevable. L'homme du peuple, n'étant pas apte à tout, ne saurait parler que de ce qu'il connaît, il comprend parfaitement que l'élection favorise les bavards. Qui bavarde sur le chantier est un fainéant. Laissé à lui-même, l'homme du peuple aurait la même conception du pouvoir que l'aristocrate — auquel il ressemble d'ailleurs par tant de traits, — le pouvoir est à qui le prend, à qui se sent la force de le prendre. » Quand je vous disais que Bernanos est déconcertant... Moi, je l'aime pour toutes espèces de raisons, mais la moindre n'est pas que, pour le suivre et le comprendre, il faut se casser les méninges et surtout secouer ses propres habitudes de penser, c'est-à-dire au fond penser par soi-même, ce dont on n'a pas l'occasion à chaque tournant de rue.

Que le pouvoir soit une loterie, qui ne le sait ? Que ce soit un président élu ou le fils aîné de la reine, nul ne sait au fond ce qu'il fera du pouvoir qui lui est échu. Personnellement et en France, je suis républicain, mais je suis né en un temps où on parlait à peine de démocratie, on disait alors « la République » et ce mot n'avait d'autre sens que celui d'un régime de liberté. Peut-être suis-je à la fois républicain et anti-démocrate ? A la condition d'entrer dans les vues de Bernanos et de considérer la démocratie ainsi que la désintégration du tissu social, la destruction de toute hiérarchie, l'érosion irréversible de toute singularité personnelle au sein d'une masse, qui malaxe des individus sans conviction, à la merci de toutes les propagandes, qui leur impose sans exiger d'eux la moindre réflexion le vrai aussi bien que le faux, le bien autant que le mal.

Pour ce qui concerne Bernanos personnellement, il est une chose dont je suis sûr et que j'ai déjà soulignée : tous ses comportements les plus fondamentaux découlaient de sa foi catholique. Saint Paul affirme que tout pouvoir, y compris le pouvoir politique découle de Dieu (je dis bien de Dieu, non pas des curés qui n'ont aucune mission dans le domaine politique). Or la démocratie moderne, en France du moins (il n'en est pas de même aux États-Unis d'Amérique), est née et s'est édifiée sur la révolte ouverte contre la souveraineté de Dieu. Dès lors pour Bernanos, elle était condamnée et damnée.

Dans son rejet véhément de la démocratie, Bernanos rejoignait sans le savoir la plus antique sagesse. S'il est vrai que les définitions de mots sont libres, on peut tout de même favoriser celle que la démocratie donne d'elle-même : un régime d'opinion et un régime égalitaire.

Pour ce qui est de l'opinion, Bernanos l'avait en mépris. Volontiers il eût dit comme Léon Bloy : « Je n'ai pas d'opinions. Je n'ai que des croyances et des certitudes absolues, lesquelles sont toujours à prendre ou à laisser, bien entendu ! » Cela peut nous paraître soit scandaleux, soit fou, Bernanos n'en avait cure. S'il y avait un chrétien qui savait de source sûre que par nature le christianisme est fou pour les uns, scandaleux pour les autres, c'est bien Bernanos. Que peut prouver l'unanimisme qui se manifeste en faveur de l'Opinion avec une majuscule, et l'opinion publique en particulier, ce tyran masqué qui n'avoue jamais sa tyrannie, sinon que la démocratie est une maladie contagieuse comme la peste, et que nos esprits en sont universellement contaminés. A son origine et selon le témoignage de saint Paul, pourquoi le christianisme est-il d'abord apparu comme scandale et folie ? Il ne se présentait pas sous l'aspect d'une opinion parmi tant d'autres, mais ainsi que la révélation absolue, propre à donner son sens plénier à la vie humaine, et nécessitant par là, non pas qu'on le comprît, mais une adhésion totale d'où découlerait — et c'est bien ce qui s'est produit — une vision nouvelle de l'homme et de sa condition au sein de l'univers. D'ailleurs dans ce monde antique, la plus vénérable sagesse était bien d'accord avec la nouvelle révélation dans la sévérité de son jugement sur l'opinion. C'est Platon, dans le *Phédon,* qui déclare : « Déchues et impures sont les âmes qui ont pour aliment l'opinion plutôt que la vérité. » Déchu et impur dès l'origine était pour Bernanos un régime d'opinion.

Bernanos n'était certes pas un philosophe, il se méfiait même des philosophes et de la philosophie.

Je doute qu'il ait jamais lu Platon, mais il avait assez de bon sens pour savoir d'instinct ce que savent, contre les sophistes, tous les vrais philosophes, à savoir que la dignité, l'honneur de l'intelligence humaine, est de conclure franchement par un jugement aussi clair que possible : *oui, non,* ou *je ne sais pas.* L'opinion consiste précisément à ne pas conclure, à rester en suspens en deçà du jugement. Pour l'intelligence, il n'y a aucun honneur à cela, il y a même de l'humiliation. Dans la mesure où il est un régime d'opinion, un régime démocratique — dans ses applications pratiques — trouble l'intelligence jusqu'à lui faire souvent honte. Comme le dit un proverbe brésilien, « Celui qui gamberge (qui ne cesse de peser le pour et le contre, sans se décider) ne se marie pas. » Ce balancement indéfini de l'intelligence, impuissante à conclure, est en effet un état d'impuissance, une castration.

Pourquoi Bernanos se méfiait-il tellement de l'opinion ? Parce qu'étant inachevée, elle n'a aucune consistance propre, elle est essentiellement malléable, sans défense contre les propagandes. Et un peuple surmené par les propagandes n'est plus un peuple libre : d'autres pensent pour lui, il est l'esclave inconscient d'opinions préfabriquées venues, d'il ne sait où ni comment, et qu'il véhiculera lui-même à son tour sans trop s'en rendre compte. Un peuple qui ne se gouverne que par l'opinion attrape les propagandes comme un organisme anémié se trouve exposé à toutes les épidémies.

Le paradoxe du *Chemin de la Croix-des-Ames* — et il

n'est pas mince — est que le livre est écrit pendant une guerre où se joue la liberté du monde, que l'Amérique et l'Angleterre sont les remparts de la liberté, et que tout l'ouvrage est un procès, une incessante mise en accusation des propagandes anglo-saxonnes. Le cœur de Bernanos a toujours été du côté des soldats. Or ce ne sont pas les soldats qui élaborent les propagandes, ce sont les États, et Bernanos se méfiait des États, quels qu'ils fussent, de leurs calculs à courte vue, intéressés, égoïstes, de leur insensibilité à l'honneur comme à la vérité.

Régimes d'opinion, nos démocraties occidentales ne sont pas d'une essence aussi totalement différente qu'on le croit, de ces régimes communistes parfaitement inhumains, tels que nous les décrivent Zinoviev et Vassili Grossman, et qui s'appellent d'ailleurs « démocraties populaires ». La caractéristique de ces régimes est que, même les meilleurs hommes ne savent plus y distinguer ce qui est bien de ce qui est mal, ce qui est vérité de ce qui est mensonge. Mais en bonne démocratie, tout n'est-il pas affaire d'opinion, y compris le bien et le mal, et l'opinion est chose fluctuante, changeante. Au fond, nous sommes tous plus ou moins prêts à entrer comme chez nous dans un régime totalitaire. Bernanos professait que ce ne sont pas les dictateurs qui font les dictatures, mais que ce sont les peuples, mûrs pour la dictature, qui suscitent les dictateurs. Qu'importe que le dictateur soit un homme ou un parti, une nomenklatura ? Le propre du régime totalitaire est que l'État y décide seul de ce qui est bien, de ce qui est mal, de ce qui est vrai et de ce qui est faux, et pour ce faire, exige de nous d'abdiquer, entre ses mains une fois pour toutes, notre jugement et avec lui notre conscience d'êtres humains. Cette abdication consommée, il est probable que la réponse de Lénine s'imposerait spontanément à tous : « La liberté ? Pour quoi faire ? » Bernanos reprochait à la démocratie d'être fascinée par les régimes totalitaires, comme un oiseau fasciné par un boa s'approche inexorablement de sa gueule ouverte.

En fait, pour Bernanos, il n'y a pas d'égalité possible entre les hommes. Entre les hommes, l'égalité n'est ni possible ni souhaitable. Pour Bernanos, toutes les revendications d'égalité entre les hommes relèvent ou de l'imposture, ou du délire. Je mesure à quel point les vues que j'exprime ici sont susceptibles de choquer nos contemporains, à quel point elles prennent à rebrousse-poil toute la classe intellectuelle. La question n'est pas de savoir si elles choquent ou non, mais si elles sont vraies ou fausses. Il est quand même remarquable que, par de tout autres chemins, à l'autre bout de l'horizon de l'esprit, un homme comme Paul Valéry soit arrivé sur ce point aux mêmes conclusions que Bernanos. Je ne crois pas que les deux hommes se soient jamais rencontrés. Il serait grotesque de penser qu'ils aient pu se concerter. Voici pourtant, sans en retrancher un seul mot (respectant scrupuleusement la ponctuation et la non-ponctuation), la note de Paul Valéry datée des années 1929-1930 : « La Révolution du petit nombre. »

« Une fois le type de révolution populaire épuisé et quand le grand nombre l'aura emporté, il faudra bien retrouver l'autre ferment. Il y aura contre l'Égalité, la Justice et l'Économie une rébellion d'individus.

« Peut-être possesseurs de découvertes et de moyens par lesquels le nombre sera réduit à l'impuissance et la quantité des hommes surmontée.

« Le tour de l'Envie passera, et le tour de l'Orgueil reviendra

« Le cœur battra pour l'Inégalité

« D'entre les métis les purs renaîtront

« D'un marécage les hauteurs émergeront

« Le vin pur se séparera de l'eau rosâtre

« La différence... » (*Cahiers II,* p. 1486).

L'éditeur a noté que le passage est inachevé, tel qu'il est, il est suffisamment explicite. Le jour viendra où les cœurs battront pour l'inégalité : d'ailleurs, dans le domaine sportif, par exemple, les cœurs battent déjà pour l'inégalité, et nul ne s'en offusque. Il n'y a de progrès de l'homme que dans l'émulation, et donc dans l'inégalité, ça crève les yeux. L'étonnant est que tous ne le voient pas. Des esprits grossiers ou systématiques (c'est la même chose) pourront même accuser Valéry de racisme. Bernard-Henry Lévy a bien accusé Péguy de racisme : tout le monde sait que le mot « race » n'a aucun sens strictement biologique, mais au nom de quoi lui refuser le sens évident et commode de patrimoine culturel : c'est le sens que donnaient à ce mot Péguy et Bernanos, c'est le sens que je lui donne. Je prends un exemple :

l'« œcuménisme » actuel de quelques catholiques me paraît un métissage suspect et dangereux ; que les Juifs d'ailleurs se gardent bien de pratiquer, et ils ont raison. Moi-même, je n'en augure rien de bon. Du fond de tout cela émerge cette question fondamentale : va-t-on s'apercevoir enfin que, dans la culture comme dans la société, il serait peut-être bon de revenir à ce qui est la loi de la vie : la hiérarchie ?

Pour dire toute la vérité, même l'égalité devant la loi ne satisfait pas pleinement Bernanos ; au-dessus de la loi, il mettait la coutume et la tradition qui lui paraissaient plus respectueuses des particularités de chaque groupe et des singularités de chacun. Il est plus facile d'aimer à l'abri des coutumes et des traditions que sous la protection de la loi. Et l'essence du christianisme n'est-elle pas d'évacuer la Loi au bénéfice de la grâce ? Parlant de l'une de ses héroïnes Bernanos écrit : « ... et toute loi lui a fait horreur bien avant qu'elle en comprît le sens. Et c'est justement parce que son instinct l'a déjà convaincue qu'elle est née hors la loi, hors de toutes les lois, qu'elle souhaitait confusément rester dans ce monde mystérieux où il n'est d'autre règle que le bon vouloir de Dieu ses préférences mystérieuses, l'adorable iniquité d'une toute-puissance qui se fait miséricorde, pardon, pauvreté ». Ce n'est pas une telle notion du destin humain qui favorise l'adaptation à n'importe quel régime politique : par toutes ses fibres, Bernanos se sentait français mais il ne pouvait être le citoyen exemplaire d'une république. Il s'est longtemps dit royaliste, mais je crois que sous les rois, il eût été un aussi mauvais sujet. Et je soupçonne que ce qui lui plaisait le plus dans notre ancien pouvoir royal, c'est précisément ce qui lui vaut la haine des médiocres : « le bon plaisir ». Lorsqu'on ose aligner ces mots sur le papier, « l'adorable iniquité », comment espérer la faveur des démocrates-chrétiens ? Ainsi pourtant était-il, et ce serait le diminuer singulièrement que de le présenter autrement.

« Tout pouvoir découle de Dieu », affirme saint Paul. Bernanos prenait cette affirmation au pied de la lettre, même et d'abord dans l'ordre temporel et politique, il n'espérait rien que de Dieu. C'était cela pour lui être chrétien « de chrétienté », selon l'expression de Péguy. Dieu, créateur et finalité suprême de l'homme et de l'univers ne pouvait que rehausser toute souveraineté intermédiaire qui s'exerce en son Nom, lui donner de l'éclat, inspirer son juste exercice — même dans une apparente injustice ou ce qui nous paraît tel aujourd'hui. Un exemple me fera comprendre.

La fille de Louis XV, Madame Louise de France, était une personne orgueilleuse et dure. Son éducation faite dans un couvent, selon la tradition de l'époque, elle fut introduite à la cour. Un jour, jugeant qu'une femme de service lui avait manqué de respect, elle lui dit avec colère : « Oubliez-vous que je suis la fille de votre roi ? » A quoi l'autre répondit du tac au tac : « Oubliez-vous que je suis la fille de votre Dieu ? » Cette repartie dut beaucoup faire réfléchir la jeune princesse sur les vanités de ce monde, puisqu'elle entra au Carmel, où elle fut traitée sans ménagement et devint une religieuse exemplaire. Cette histoire eût fait les délices de Bernanos, elle illustre les assises mêmes de son comportement politique. Aucune obéissance n'a la moindre valeur si elle n'est une obéissance librement consentie, une obéissance d'amour à Dieu, à « l'adorable iniquité d'une toute-puissance qui se fait miséricorde, pardon, pauvreté ». Rien ne vaut en l'homme que par l'amour, en gratitude d'un autre amour suprême, qui s'exprime discrètement et impérieusement à travers tous les commandements subalternes, symbolisant cet amour. C'est en ce sens que le Christ nous a délivrés de la Loi, pour mieux nous livrer sans défense à toutes les exigences de l'amour. Une fois encore c'est cela que Bernanos appelait la chrétienté.

Il n'était absolument pas d'accord avec la formule de Churchill : « La démocratie est le pire des régimes, excepté tous les autres. » Un régime, quelle que soit sa forme, république, royauté, féodalité, et qui ne faisait pas cette place à Dieu (« Dieu premier servi ! »), ce régime-là était un régime pourri, déséquilibré, négateur à la racine de la plus haute dignité de l'homme qui est de pouvoir honorer Dieu à travers même les plus humbles nécessités temporelles. L'honneur incorruptible de l'homme, qu'il soit sujet, citoyen, ou même comme jadis esclave chrétien, a toujours été de servir ses maîtres librement et par amour, car à travers eux, aussi tordus qu'ils fussent *(etiam dyscolis)*, c'est à Dieu seul qu'il rend hommage. Blandine, la petite esclave chrétienne torturée pour avoir confessé Jésus-Christ, fut, dans ses supplices, plus libre que ne le fut jamais un citoyen de la libre Amérique, et plus souveraine que Louis XIV en pleine gloire. Ce n'est pas de la littérature, mais une réalité ancrée au plus profond de la réalité la plus vraie de notre humanité.

Au cours de ces années terribles de 1940 à 1945, Bernanos ne pensait qu'à la France. Il en parle d'une manière littéralement mystique : « J'étais seul avec mon pays, je veux dire que je m'efforçais de ne penser qu'à lui, de me mettre en sa présence, en sa présence réelle, afin de me conformer à sa volonté, après m'être de mon mieux, dès le premier jour, conformé à son honneur. Vous vous demandez peut-être ce qu'un simple Français comme moi, aux heures les plus noires de la guerre, attendait de cette espèce d'oraison. Dans ce petit café de Barbacena, aux heures les plus noires, les plus désespérées de la guerre, je ne me suis jamais demandé ce que la France referait, réparerait, restaurerait, la seule question qui me parût digne d'être posée était celle-ci : Quelle nouvelle grande image de la liberté va-t-elle donner au monde ? Comment, dépouillée de tout, les mains vides, va-t-elle remplir de nouveau l'espérance des hommes ? » A cette question solennelle que, dans la solitude du sertão brésilien, il a une fois soulevée et qu'il n'a cessé de se poser nuit et jour pendant cinq ans, après quarante années, il n'a pas encore été répondu. La question reste donc posée.

Et Bernanos ajoutait cet avertissement d'immense

portée et qui malheureusement garde aussi toute son urgence : « Le grand malheur, l'unique malheur de cette société moderne, c'est qu'elle s'organise visiblement pour se passer d'espérance comme d'amour, elle s'imagine y suppléer par la technique, elle attend que ses économistes et ses législateurs lui apportent la double formule d'une justice sans amour, d'une sécurité sans espérance. » C'est ce qu'il appelait « la barbarie polytechnique », dans laquelle nous sommes entrés.

Bernanos ne voulait que des choses très simples, mais il les voulait fortement. Par exemple il exigeait d'un homme, comme d'un cheval, qu'il soit entier. Mais l'intégrité d'un homme est plus complexe que celle d'un cheval : Bernanos exigeait qu'un homme soit physiquement entier, spirituellement entier : que son intelligence s'accomplît suivant un jugement et non une simple opinion ; que sa volonté s'accomplît dans le cadre d'une fidélité sans retour à son honneur de chrétien, qui trouve sa pleine expression dans l'action. Alors seulement l'homme assuré de son intégrité totale peut prendre ses risques dans le réel, soupeser le pour et le contre, choisir et s'engager sans réticences dans ses choix, mais aussi sans fanatisme. Et, seulement alors, un homme peut réellement se dire libre. Cela ne protège pas pour autant cet homme, aux yeux de Bernanos, de l'erreur, du péché, mais lui permet d'assumer la pleine responsabilité de ses actes, bons, moins bons, ou mauvais : rien ne lui paraissait pire que le flottement de l'esprit, que l'indécision du caractère. Un homme, incapable de juger par lui-même et de choisir par lui-même, n'est plus pour lui une conscience, n'est plus un homme libre. Spirituellement, il le regarde comme un eunuque.

C'est bien en quoi Bernanos avait en horreur une certaine conception de l'obéissance, qui a malheureusement contaminé la plupart des catholiques — et les jésuites ont beaucoup contribué à cette contamination —, et qui consiste à obéir sans comprendre. « Vous croyez servir, on se sert de vous ! », disait-il à certains d'entre eux. « A force d'obéir sans comprendre, on finit par ne plus comprendre pourquoi on obéit, on se détache de l'obéissance, comme du reste. Aux âmes complaisantes, succéderont tôt ou tard les âmes déçues, les *pourquoi* résignés d'avance à rester sans réponse s'achèveront en *à quoi bon?* » Ne serait-ce pas à cette propension à obéir sans comprendre que pourraient être attribués les succès foudroyants du communisme totalitaire au sein de peuples catholiques depuis mille ans et plus, ce que Lénine a d'ailleurs explicitement reconnu, en faisant la part qui revient au jésuitisme dans la discipline communiste.

A quoi bon, disait encore Bernanos, avoir des institutions de liberté si nous n'avons plus d'hommes libres pour les y mettre dedans, afin d'animer ces institutions et d'y vivre précisément en hommes libres ? C'est dans ce contexte que l'évolution de la société moderne lui faisait peur et qu'il ne voyait qu'une différence de degré, pas de nature, entre nos démocraties occidentales dites « permissives » et les sociétés totalitaires, fascistes ou communistes. Dès 1942, après l'entrée en guerre de l'Amérique et la libération de l'Afrique du Nord, quand il fut clair que l'espoir avait définitivement changé de camp, Bernanos ne parvenait pas cependant à envisager que ce combat pût changer d'âme. De funestes pressentiments empoisonnaient à l'avance chez lui la saveur de la victoire désormais imminente. Les démocraties gagneraient la guerre, elles lui paraissaient incapables de faire ensuite la paix, de proposer au monde un ordre humain, un ordre stable et véritable, c'est-à-dire une hiérarchie des valeurs correspondant aux profondes aspirations des hommes ; il n'y a pas d'ordre sans hiérarchie, et une hiérarchie n'a quelque chance de s'établir que si elle a auparavant gagné les esprits et les cœurs. Encore faut-il qu'elle soit d'abord conçue et définie hardiment, proposée en toute générosité. Une telle tâche lui paraissait, et elle l'est en fait, bien au-dessus de la responsabilité des États. Pas plus que les États, les esprits et les cœurs ne lui semblaient prêts à tenter l'aventure de la paix ; il les pensait mûrs au contraire pour abdiquer les sacrifices et les privilèges de la liberté contre la sécurité matérielle la plus vulgaire : d'où l'indignation qui s'est emparée de lui, et qu'il a exprimée avec tant de force, à son retour en France, contre l'universelle compromission du « marché noir ». Il était épouvanté des progrès et des avancées que la guerre avait suscités en faveur de la raison d'État. Toute la profonde connaissance qu'il avait de l'histoire politique de l'homme ne faisait que renforcer son pressentiment. « Notre révolution de 89 a été manquée, et devait l'être, parce qu'elle n'a été qu'une explosion magnifique mais prématurée de l'espérance des hommes. Il eût fallu beaucoup plus qu'une explosion d'espérance, pour arrêter l'État moderne dans une évolution inexorable vers la Dictature. En réalité, depuis la Renaissance, l'esprit du césarisme romain n'a cessé de gagner tout ce que perdait l'esprit de chrétienté » (pp. 697-698).

Et il revenait toujours à ce qui était pour lui le ver dans le fruit, le principe de perversion qui a ruiné de l'intérieur la société chrétienne, y compris l'appareil ecclésiastique de l'Église romaine : « Le socialisme d'État est essentiellement une idée très romaine. L'État, seul propriétaire, donnant en retour à chaque citoyen, contre l'engagement d'une obéissance absolue, sa garantie contre le chômage, la maladie, la vieillesse, c'est — je le répète — une idée très romaine, elle a été familière à tous les empereurs, à Néron comme à Marc Aurèle. Tous les dictateurs, à toutes les époques de l'histoire, on invoqué la justice sociale. C'est toujours au nom de l'égalité qu'on a étranglé la liberté. Il ne peut y avoir d'égalité que sous un maître absolu. »

Quarante-six ans nous séparent exactement de l'époque où Bernanos prononçait ces paroles devant une assemblée d'étudiants brésiliens. Son allocution était d'autant plus solennelle qu'elle était celle des adieux, Bernanos allait rentrer en France. Qui oserait soutenir que ces quarante-six années d'après-guerre lui ont infligé un éclatant démenti ? La menace s'est étendue au contraire et incroyablement concrétisée, au point de prendre les proportions d'une épidémie exterminatrice qui ne laisse survivre qu'un tout petit troupeau. Le plus triste, ce qui angoissait le plus Bernanos, c'est la vulnérabilité des chrétiens, et même de la hiérarchie catholique elle-même à la contagion. Nous autres, chrétiens, avions un droit d'aînesse imprescriptible, et quant à la vérité contre l'opinion, et quant à la liberté contre l'égalité, génitrice de la dictature. Bernanos prévoyait que, nous autres, catholiques, allions vendre notre droit d'aînesse contre un plat de lentilles illusoire, que nous allions renoncer au privilège de la vérité en faveur de l'opinion mouvante en devenant « démocrates-chrétiens », que nous allions renoncer à la liberté, à ses risques, à son honorable fardeau, que nous allions lui préférer l'égalité en favorisant « l'option socialiste ». Un clergé socialisant, disait-il encore, fait ainsi la démonstration qu'il ne sait plus parler qu'aux ventres. Or c'est à l'âme que le prêtre doit parler.

Au temps de la guerre d'Espagne, puis de Vichy, ce sont les catholiques de droite qui se sont compromis dans cette lamentable duperie, que Bernanos résumait en quelques mots cinglants : « Devenir la bête noire des pauvres et des hommes libres, avec un programme comme l'Évangile, avouez qu'il y a de quoi faire rigoler ! » Après la guerre, ce sont les catholiques de gauche qui se sont à leur tour lancés, précipités dans la duperie, la même, en reniant pratiquement la distinction entre vérité révélée et opinion, abandonnant les droits de la première dans son essence, en faveur de la seconde, en sacrifiant volontairement la liberté à l'égalité, vestibule de la servitude : c'est ce qu'on a appelé la « démocratie chrétienne » quand ce n'est pas carrément le philocommunisme. Nous nous sommes tous compromis, à un moment ou à un autre, nous avons tous trahi l'esprit de la chrétienté française.

Quand Jean-Paul II est venu pour la première fois à Paris en tant que pape, inspiré par l'esprit de sa responsabilité universelle, n'est-il pas remonté instinctivement plus haut que nos rois très chrétiens, plus haut que Saint Louis, plus haut que Jeanne d'Arc, jusqu'à Clovis et au pacte de Reims : « France, qu'as-tu fait des promesses de ton baptême ? »

Le fait est que pendant un demi-millénaire avant les Capétiens, la France a existé, elle a existé fortement, ce fut sans doute le temps fort de son existence, et elle n'était pas encore une nation, et elle n'avait pas d'État. Comment existait-elle ? Qui était-elle ? A ces questions, Bernanos a nettement répondu et à maintes reprises : avant d'être un État, avant d'être une nation, la France est une civilisation. C'est d'abord à la France-civilisation qu'allait la fidélité de Bernanos. C'était à ces profondeurs-là que prenait source son antagonisme viscéral contre le régime de Vichy : il ne s'agissait pas d'une opposition d'humeur. Curieusement, il y a, dans l'histoire, des impostures si essentielles qu'on les dirait forcées de s'avouer comme telles : le régime de Vichy n'a jamais osé prétendre qu'il représentait la France, il avouait n'être que « l'État français ». C'est pourquoi il fut si naturel à l'instinct français de prendre avec lui toutes les distances.

Longtemps Bernanos s'est cru et dit royaliste. Après son retour du Brésil, j'ai été frappé qu'il n'en parlât jamais plus. Il est vrai que le prétendant l'avait profondément déçu, et Bernanos était de ces êtres dont la pudeur consiste à enfouir en eux leurs déceptions les plus cuisantes, mais néanmoins je crois que, même au temps de sa ferveur royaliste, le roi n'a jamais été pour lui qu'un symbole mythique sur lequel il projetait la dévotion spontanée et totale qu'il ressentait pour la France du premier demi-millénaire, la France-civilisation, mais qui avait aussi son organisation politique et sociale : la féodalité. Organisation spontanée et vivante de solidarités et de fidélités mutuelles, de hiérarchies variées, de libertés garanties par la multiplicité des juridictions, par des privilèges à tous les échelons de la société, par des coutumes indéfiniment transmises et respectées. Il est à noter que, dans ce régime primitif, la bourgeoisie n'existait pas, du moins comme classe constituée, qu'il n'y avait donc pas d'esprit bourgeois.

Vu de loin, ce régime féodal nous paraît irrationnel, mais la vie est aussi un phénomène irrationnel ; la France n'a jamais été aussi puissamment vivante et créatrice qu'en ces temps-là. Ce régime a été le creuset où s'est élaborée notre civilisation, notre langue, mais surtout une certaine manière de vivre et de mourir, de faire face à la vie et à la mort, une certaine pudeur dans la joie comme dans le malheur, un sens de l'ordre et de la hiérarchie des valeurs, une mesure aussi bien dans le génie que dans l'héroïsme, ce que Bernanos appelait l'honneur français : fidélité à la parole reçue ou donnée ; goût du risque lucidement assumé, inextinguible espérance, et cette exquise libéralité qui s'exprime aussi bien dans la pauvreté militaire que dans le faste seigneurial, une certaine insolence dans le combat et le malheur, une joyeuse humilité dans l'action de grâce pour la victoire, la patience quotidienne et silencieuse, la fierté du travail bien fait, un ensemble de comportements dont Bernanos a dit que nos aïeux avaient été bien près de faire de l'honneur une quatrième vertu théologale, car avant tout et par-dessus tout et jusque dans leurs plus infimes responsabilités temporelles, ils étaient et se voulaient chrétiens, ressentaient au jour le jour toute la fierté et les contraintes amoureuses d'avoir été faits, à travers Jésus-Christ, participants de la nature divine — *« consortes divinae naturae »* : cette expression latine, tirée de l'offertoire de la messe, revient sans cesse sous la plume de Bernanos.

Pour lui, et je l'affirme en toute certitude, le chef-d'œuvre de cette civilisation fut la chevalerie franque, qui a été mise en scène dans nos chansons de geste. Ces chansons ont été écrites tardivement, mais avant d'être écrites, elles ont été racontées pendant des siècles. La plus célèbre est *La Chanson de Roland* ; il y en eut bien d'autres, le cycle d'Orange, celui de la Table Ronde et du Graal, du roi Arthur. Elles furent à la France, dans son état de jeunesse éblouissante, ce que sont aujourd'hui les westerns pour le peuple américain. Il est incroyable que le cinéma français ne se soit pas exprimé à travers un tel trésor primitif, c'est bien le signe de notre malheur : il semble parfois que, non seulement nous ayons renié l'enfance de notre peuple, mais que nous la haïssions. Nul signe n'est plus néfaste que d'en venir à détester sa propre origine.

Cette détestation aussi remonte loin, au supplice de Jeanne d'Arc, incarnation sublime de ce merveilleux printemps de la race que fut la chevalerie. Le supplice de Jeanne d'Arc reste l'expression d'un reniement, que Bernanos a parfaitement exprimé.

« La France ne ressemble plus aux Français, elle n'a ni leurs vertus, ni leurs vices, ni aucun de ces défauts qui leur sont plus chers que leurs vices et leurs vertus, elle ne parle même pas leur langage, elle ne dit rien, elle est l'idole muette d'un peuple bavard. L'État s'est substitué à la patrie, comme l'administration cléricale se serait substituée depuis longtemps — si Dieu n'y mettait ordre — à la moribonde Chrétienté. Et les courtiers de ce troc, les légistes crasseux de la Renaissance, barbouillés de grec et de latin, ont mené l'opération avec toute la clairvoyance de la haine. Car ils haïssaient l'ancienne France, ils dédaignaient son idiome, ils méprisaient ses mœurs, ses arts, sa foi, ils l'eussent donnée tout entière pour la moindre des républiques transalpines

— la France moderne a été faite par des gens qui tenaient l'ancienne en mépris » (p. 812).

Peut-être que la canonisation de Jeanne d'Arc, son retour parmi nous escortée de ces deux grands artisans de notre langue, Péguy et Bernanos, est aussi un signe augural, peut-être que le génie primitif de la race n'est pas mort, qu'il va se ressaisir, que lui aussi reniera les renégats. Certes les saints sont aussi à la merci des passants. Péguy et Bernanos ont du moins fait tout leur possible pour que le culte de Jeanne d'Arc ne soit pas uniquement récupéré par ceux qui l'ont précisément allégrement brûlée.

Comme l'Enfant Prodigue, on peut très bien et pendant longtemps, à la fois trahir son origine et vivre de sa substance. C'est ce qui est arrivé à la France. Mais aujourd'hui nous en sommes au point où l'Enfant Prodigue, ayant dissipé toute sa substance en est réduit à garder les pourceaux et finit par s'apercevoir qu'il ne retrouvera sa dignité et même son identité qu'en revenant à la maison de ses origines. On aura défini Bernanos en quatre mots en disant qu'il est le prophète de ce retour.

Pas plus pour Bernanos que pour moi, qui entreprends ici de mettre sous l'éclairage que je sais avoir été le sien, son œuvre, il ne peut s'agir de remonter le temps, les errances ne peuvent être effacées, je vais plus loin, elles ne sont jamais inutiles, c'est le privilège de Dieu de permettre que, du mal même, puisse être tiré quelque bien. De toute façon l'Enfant

Prodigue exténué et repentant, pour qui on tue le veau gras, n'est pas tout à fait le même homme que celui qui a quitté jadis la maison paternelle après avoir réclamé avec arrogance sa part d'héritage. Il est bien certain qu'aujourd'hui la France n'est plus triomphaliste, elle est restée trop intelligente, elle est de trop bonne race pour se laisser persuader qu'une porcherie sent forcément la rose. Il s'agit pour la France de retrouver à l'intérieur d'elle-même l'élan de fidélité à l'égard de l'enfant qu'elle fut jadis. Souvenez-vous de la préface des *Grands Cimetières,* qui est peut-être la page de plus haute musicalité qui ait été écrite au cours de ce siècle selon le solfège de notre langue : « Certes, ma vie est pleine de morts. Mais le plus mort des morts est le petit garçon que je fus. Et pourtant, l'heure venue, c'est lui qui reprendra sa place à la tête de ma vie, rassemblera mes pauvres années jusqu'à la dernière et, comme un jeune chef ses vétérans, ralliant la troupe en désordre, entrera le premier dans la Maison du Père. » Les retours de l'Enfant Prodigue se ressemblent tous. La longue vie de la France est aussi pleine de morts. C'est pourtant à la petite fille qu'elle fut, après son baptême et pendant cinq siècles, que va revenir l'honneur de rassembler tous ses régimes et toutes ses révolutions, toutes ses défaites et toutes ses victoires, tout son troupeau de génies si divers et même contradictoires, et de rentrer, chargée d'expérience et de repentir, à la maison de sa première espérance. Ne me demandez pas comment cela se fera, je n'en sais rien, Bernanos ne le savait pas davantage. Mais je sais que le monde moderne, dans son ambition essentielle, est déjà condamné, qu'il est damné, hors de toute possibilité de rachat. Quand toutes les moissons ont été saccagées, il faut au moins recueillir et protéger assez de semence, pour recommencer l'aventure de nouvelles semailles.

Ne me dites pas que ce premier demi-millénaire de la France, c'est trop loin pour qu'on y puisse revenir, même en esprit. La mythologie gréco-romaine, telle que l'entendaient les cuistres du XIVe siècle, le droit romain tel que le comprirent les légistes de Philippe le Bel, c'était encore beaucoup plus loin, et en plus c'était vieux, très vieux par rapport à François d'Assise qui venait d'exprimer avec tant de gentillesse l'éternelle jeunesse de l'Évangile. Songez qu'en ce temps-là, Jeanne d'Arc n'était pas encore née, qui allait exprimer cette même jeunesse de l'Évangile avec tant de hardiesse. En soi d'ailleurs, l'Empire romain, c'est bien la sclérose du monde païen, sa dégoûtante décrépitude : c'est pourtant ce vers quoi la bourgeoisie française retourne d'instinct depuis cinq siècles qu'elle exerce sur notre pays son emprise politique. Et comme l'a si bien vu Bernanos, le socialisme, en toutes les versions qu'il est possible de l'imaginer, est-il rien d'autre que l'idéal romain du Bas-Empire d'un État tout-puissant, qui fait de tous les citoyens des clients fonctionnarisés, en échange de leur âme ? Tout ça est vieux comme l'enfer, et n'a-t-on pas le front de nous le présenter encore comme un « avenir radieux » ?

Mais, puisque vous vous prétendez savants, observez l'histoire de France : vous y apprendez que la France est un pays vivant, dont les mutations sont brusques et imprévisibles. En l'an 1785, tous les grands acteurs de la Révolution française existaient déjà : pas un qui ne fût royaliste, comme d'ailleurs tous les Français de leur temps. Vingt ans après, en 1805, toute la France criait : « Vive l'Empereur ! » Entre-temps les Français avaient coupé la tête au roi et à la reine. Qui en 1785 eût pu prédire une mutation aussi radicale et aussi brusque ? Elle a eu lieu pourtant. A propos de ce pays qui est le vôtre, le mien, la seule chose qui soit certaine est qu'il ne faut jurer de rien.

Pour Bernanos, l'enfance d'un peuple lui est toujours présente même et surtout s'il affecte de l'avoir oubliée, voire reniée, elle seule détient en dernier ressort le salut, et donc la dernière espérance de ce peuple.

Paul Valéry, contemporain de Bernanos, et à première vue l'écrivain le plus éloigné de lui, a aussi été fasciné par ces cinq ou six siècles qui se sont écoulés entre la désintégration de l'Empire romain et le XIe siècle. Voici comment il les évoque (*Cahiers II,* p. 1540) : « La grande intelligence de l'Église, dès qu'elle est sortie des limbes des catacombes et de l'état de société secrète, pour s'élever à la condition de puissance politique et prendre part à la construction d'une nouvelle organisation du monde européen — a été (pendant cinq ou six siècles au moins) — de ne laisser hors d'elle aucun homme de valeur spirituelle. Elle s'est confondue pendant ce long temps avec la culture. » Ce texte est daté des années 1943-1944, de la fin de la guerre, au cours des toutes dernières années de la vie de Paul Valéry ; il n'en a que plus de poids.

Valéry, le rationaliste, admire « l'intelligence » de l'Église dans ce contexte historique précis. Je ne crois pas qu'il s'agisse là d'intelligence, mais plutôt d'un phénomène analogue à celui de la gestation : une femme qui porte un enfant n'agit pas par intelligence, mais avec un instinct et un amour plus intelligents que la plus haute rationalité. A ce moment-là l'Église a véritablement conçu, porté, enfanté l'Europe, elle l'a mise au monde et éduquée comme une mère fait pour le fruit de ses entrailles, c'est tout, c'est plus haut qu'un travail de l'esprit. Valéry souligne un fait dont la véracité est incontestable : pendant cinq ou six siècles — c'est quand même long et c'est une période décisive —, la vie de l'Église s'est confondue avec l'expression de la culture européenne naissante. A quoi attribuer, sinon cet unanimisme, du moins ce magnétisme universel que l'Église a exercé autour d'elle ? Il devait tout de même y avoir des divergences, les hommes n'ont jamais été tous pareils, surtout les artistes. Je ne pense pas que cela vînt de ce qu'on appelle aujourd'hui « la tolérance » : le mot fait rire appliqué à ces hommes rudes, non dégrossis de leur barbarie primitive, et c'est précisément l'Église qui les dégrossissait, qui leur enseignait à se repérer dans leur vie. Pour eux tous, l'Église jouait le rôle du Soleil pendant le jour, des astres pendant la nuit. Elle leur assignait les points cardinaux.

C'est vrai que l'Europe est née, qu'elle a grandi, dans et par cette ardente et transcendante communion, qui ne laissait hors d'elle non seulement aucun homme de valeur spirituelle mais non plus aucun penseur, aucun artiste authentique. Subitement l'étiage de cette ferveur communiante a baissé, comme baisse le cours d'un fleuve durant la sécheresse, et la *pax christiana* s'est rompue : l'Orient chrétien s'est séparé de l'Occident chrétien, l'idéal de la Croisade s'est définitivement dégradé dans « la croisade contre les Albigeois » et dans l'Inquisition, puis vint la déchirure profonde du protestantisme et ce qu'on appela les « guerres de religion », appellation d'une ironie féroce lorsqu'on songe que la religion dont il s'agit est celle de l'amour.

L'Europe porte à son flanc, comme une blessure purulente et honteuse, la nostalgie de cette unité en fusion qui fut à son origine. La retrouvera-t-elle ? L'Enfant Prodigue n'est revenu à la maison qu'après avoir dissipé toute sa substance, vécu dans la misère, été réduit à la famine. Quelles épreuves, quels cataclysmes nous faudra-t-il traverser pour que nous retrouvions sur notre langue la saveur de nos commencements, la résolution du retour ?

Certes les définitions de mots sont libres. Encore est-il d'une honnêteté élémentaire de les définir, surtout quand, dans le langage courant, ils sont flous, perçus qu'ils sont dans un brouillard de vapeurs passionnelles. D'un bout à l'autre de sa vie et tout au long de son œuvre, la bourgeoisie a été l'une des bêtes noires de Bernanos. Qu'entendait-il par le mot « bourgeoisie » ?

Pour lui, comme pour tout le monde, ce terme avait d'abord un sens historique, qui désigne cette classe apparue tardivement dans la société française, à la fin du régime féodal qu'elle a précipité dans le déclin et la désintégration. Il est remarquable qu'une telle intuition qui s'imposait si fortement à l'esprit de Bernanos a été depuis puissamment confirmée par les études historiques les plus documentées et les plus rigoureuses ; je pense en particulier aux travaux de Régine Pernoud qui est une spécialiste de l'histoire de la bourgeoisie. Il est hors de doute d'ailleurs que l'apparition de la classe bourgeoise ne correspondît à une nécessité de l'époque : le monde s'ouvrait de toutes parts, le commerce proprement dit remplaçait le troc des biens et des services, et l'instrument du commerce, c'est l'argent, qui est en lui-même une puissance avec laquelle les anciennes légitimités ont dû très vite composer, parce qu'elles en eurent très vite besoin. La bourgeoisie s'est trouvée naturellement l'instrument, la bénéficiaire et la détentrice de cette nouvelle puissance de l'argent. Le reproche que Bernanos fait à la bourgeoisie n'est pas de s'être servi de l'argent, c'est de s'y être asservie, d'avoir abandonné comme règle suprême de l'action le Sermon sur la Montagne et les Béatitudes, qui jusqu'alors avaient formé les consciences, pour les remplacer par la loi impitoyable du profit immédiat, de l'enrichissement, sans autre considération divine ou humaine. L'argent est un facteur de division entre les hommes ; en soi, il ne peut être un facteur de communion. Le pacte féodal structurait naturellement les consciences. La domination de l'argent, considéré comme valeur suprême, les désintègre tout aussi naturellement.

Le premier essor de la bourgeoisie comme classe coïncide avec la découverte du droit romain et la création des Universités, en particulier cette Université qui allait dominer toute la vie intellectuelle de la fin du Moyen Age, jusqu'à revendiquer une égalité de juridiction avec la papauté et l'Empereur : l'Université de Paris. Le génie de la bourgeoisie fut de deviner tout le profit qu'elle pouvait tirer d'une alliance avec l'Université et le prestige inouï qu'avait alors sur les esprits le droit romain. La bourgeoisie épousa leur cause totalement, s'enthousiasma pour le droit romain, fournit de cadres l'Université : si je veux définir en quelques mots ce que Bernanos entendait par « bourgeoisie », je dirai que c'est l'alliance qui s'est conclue, alliance tacite mais restée inviolée, entre la puissance de l'argent et la puissance de la loi dans son esprit romain, sa définition hideuse de la propriété : *« Jus utendi et abutendi »,* le droit d'user et d'abuser, ce qui élimine en effet, dans l'usage du droit de propriété, tout exercice de la conscience. Bernanos l'a écrit, et c'est même le reproche majeur qu'il adressait à la bourgeoisie : d'accommoder sa conscience à toutes les circonstances. On voit combien la casuistique et les jésuites sont venus à point et au bon moment pour rassurer la bourgeoisie dans son comportement et ses intérêts. Pour Bernanos, ce qui définit l'esprit bourgeois, c'est l'amalgame de deux dialectiques, celle de l'argent et celle d'une conception avilie du droit, la spéculation du financier et la spéculation de l'*intellectuel.* Ce dernier, qui a joué un si grand rôle dans l'époque moderne représentait aux yeux de Bernanos un personnage essentiellement bourgeois, et parfaitement incarné par Voltaire qui haïssait tout de l'ancienne France et qui était en même temps très près de ses sous. Régine Pernoud voit également en lui l'incarnation de l'esprit bourgeois.

« Je puis parler ainsi, écrit Bernanos, parce que je ne suis pas démocrate. Le démocrate, et particulièrement l'intellectuel démocrate, me paraît l'espèce de bourgeois la plus haïssable. Même chez les démocrates sincères, estimables, on retrouve cet innocent cabotinage... » (p. 548). Ces paroles sont dures : on aurait tort de conclure de cette dureté, que Bernanos les ait prononcées à la légère. C'est véritablement ce qu'il pensait. Ailleurs il traite les intellectuels de « vermine ». « N'importe quel brave homme, ouvrier ou paysan, qui ose être ce qu'il est, parle à sa guise, se tait s'il n'a rien à dire, me paraît beaucoup plus digne d'être distingué que ces pauvres ombres qui savent leur rôle sur le bout du doigt, mais qui seraient incapables d'y changer le moindre mot sans risquer de recevoir une paire de claques ». Bernanos se gardait bien d'ailleurs de généraliser : toute généralisation est forcément injuste. Dans la bourgeoisie et dans l'aristocratie, il admettait volontiers que « l'une et l'autre classe compte des individus remarquables. Nous devons travailler à les rassembler. Tout le reste est vain ». C'est à l'esprit de la bourgeoisie qu'il en avait, c'est cet esprit qu'il trouvait vil et infâme.

Comme beaucoup d'hommes cultivés de sa génération, Bernanos avait une connaissance approfondie de l'histoire. Je note en passant qu'un de ses professeurs d'histoire avait été le père du général de Gaulle. Il avait appliqué son génie à méditer l'histoire de la France. Non seulement il jugeait l'arbre par ses fruits, comme le recommande l'Évangile, mais il jugeait la plante par sa semence. Quelle est la semence de la bourgeoisie ? Je le répète : la coalition de la puissance de l'argent avec l'autorité intellectuelle du droit romain, qui a ruiné la féodalité, avili l'aristocratie militaire, aboli dans les consciences le sens de l'honneur. Michelet l'a très bien dit quand il juge le règne de Louis XI : « Une chose restait d'abord, et fort mauvaise. C'est que Louis XI, sans être pire que la plupart des rois de cette triste époque, avait porté une plus grave atteinte à la moralité du temps. Pourquoi ? Il *réussit.* On oublia ses longues humiliations, on se souvint des succès qui finirent ; on confondit l'astuce et la sagesse. Il en resta pour longtemps l'admiration de la ruse, et la religion du succès. » En note, Michelet ajoute « la fausse et dure maxime avec laquelle Commines enterre son ancien maître : " Qui a le succès a l'honneur ! " » Tel est bien l'esprit de la bourgeoisie, la semence dont elle est issue. La grandeur de Michelet est d'avoir dit que cette maxime est fausse, elle est cependant devenue le Credo de la bourgeoisie. D'où il ressort que Bernanos et Michelet sont de la même famille ; Maurras ne cachait pas qu'il était de celle de Louis XI. Louis XI est mort en 1483. Il y avait tout juste cinquante-deux ans que Jeanne d'Arc avait été brûlée ; le règne de Louis XI consacrait avec éclat, non la revanche de la Pucelle mais le triomphe de ses juges. Rien ne met mieux en lumière certaines impostures essentielles de la France contemporaine que de voir le culte de Jeanne d'Arc accaparé par ceux qui ont admiré Louis XI. De telles impostures mettaient Bernanos hors de lui. Les défilés que l'on voit dans Paris le jour de la fête de Jeanne d'Arc sont du même acabit, exactement de la même menterie, que l'hommage rendu par les communistes français au mur des Fédérés.

Mon but dans ce livre est de déblayer les abords de l'œuvre de Bernanos, d'ouvrir aux jeunes gens de langue française un chemin qui les mène au cœur de cette œuvre libératrice. Et pour ce faire, de dissiper certains malentendus qui ont la vie dure et qui, tant qu'ils persistent, obstruent l'accès à cette œuvre. Certains mots, à une époque donnée, sont par eux-mêmes géniteurs de malentendus, le mot « bourgeoisie » est par excellence de ceux-là.

Un mot est un être vivant, il évolue. Sa signification elle-même peut changer selon le contexte historique, voire géographique. En Suisse, le mot « bourgeois » a une signification stricte des plus honorifiques, il indique l'appartenance d'une famille à son bourg d'origine : un chauffeur de taxi me disait avec fierté : « Je suis bourgeois de Chardonne depuis le XVIe siècle ! » En France, la signification historique du mot est tout autre : elle est liée à cette alliance impure qui s'est faite à la fin du Moyen Age entre la nouvelle puissance de l'argent et l'empire des esprits détenu par l'Université, l'une et l'autre sous l'égide du droit romain ressuscité. La Révolution est née du même esprit : elle a été l'exécution rigoureuse et féroce du projet destructeur de l'ancienne France, dont la bourgeoisie dès l'origine a porté dans ses entrailles le germe vivant. Plus ou moins explicite, telle était la conception de la bourgeoisie qu'avait Balzac, telle celle de Péguy, celle de Bernanos, de Régime Pernoud, et même celle de Marx. Marx haïssait la bourgeoisie dont il est issu, mais il a toujours rendu un hommage vibrant de gratitude à la bourgeoisie pour avoir détruit l'ancienne chrétienté dans son essence.

Telle est encore la conception de la bourgeoisie qui ressort du livre de Raymond Aron, *L'Opium des intellectuels* : « Les idéologues du prolétariat sont des bourgeois. La bourgeoisie, qu'elle se réclamât de Montesquieu, de Voltaire ou de Jean-Jacques Rousseau, opposait légitimement à l'Ancien Régime, à la vision catholique du monde, sa propre idée de l'existence des hommes sur cette terre et de l'ordre politique. Le prolétariat n'a jamais eu de conception du monde opposée à celle de la bourgeoisie (...) Dans l'espoir d'accomplir pleinement les ambitions de la bourgeoisie — conquête de la nature, égalité des hommes ou des chances — les idéologues avaient transmis le flambeau au prolétariat. » Cette citation lue attentivement est non seulement impressionnante mais historiquement irréfutable. Ni Péguy, ni Bernanos ne sont historiens et ne prétendent l'être ; mais parce qu'ils sont tous deux chrétiens de chrétienté, ils reprochent à la bourgeoisie — et la flamme de ce reproche ne s'éteindra jamais — d'avoir abandonné et fait abandonner l'ambition du Royaume de Dieu — « que votre Règne arrive sur la terre comme au ciel ! » — pour limiter l'espérance des hommes aux seuls biens de ce monde, ce qui implique une profonde ignorance des abîmes et de la vastitude du cœur humain créé à la proportion de l'infini.

Parallèlement et dans le même temps, le titre jadis prestigieux d'*Intellectuel* s'est considérablement avili. Je ne crois pas qu'il puisse s'en remettre jamais : trop d'équivoques et trop de compromis ont consacré sa déchéance. Déjà Chateaubriand, à la fin de ses *Mémoires* notait que s'il y avait eu autrefois « l'invasion des Barbares », il y avait aujourd'hui « l'invasion des idées », avec des effets plus dévastateurs encore. Car on peut baptiser et civiliser les Barbares, ce qui s'est produit en Europe. Mais quand elles sont fausses, on ne peut pas baptiser et civiliser les idées, elles sont intrinsèquement perverses, et le resteront jusqu'à damnation. Il faut simplement les exterminer, et cela ne se peut faire que par des armes de lumière.

Quelle que soit l'évolution présente de la signification du mot « bourgeoisie », on ne peut changer l'histoire. C'est vrai que la bourgeoisie, en tant que classe sociale, a beaucoup contribué à édifier la nation française et l'État français, mais elle a été l'agent décisif de la désintégration de la France en tant que civilisation. Or cette civilisation, tout entière structurée au cours du premier millénaire, a fait l'originalité de la France : il n'y a pas d'originalité en dehors des origines, et encore moins contre elles. C'est cette civilisation qui a donné à la France, au sens le plus fort du mot, le « charme », secret de son rayonnement universel. C'est aussi cette civilisation qui lui a valu son antique appellation de « France la doulce ». Aujourd'hui, on dirait que le charme est rompu. Qui oserait aujourd'hui parler de « douceur » à propos de la France ? Selon une expression du pays de Vaud, les Français actuels ont été « opérés du sourire ».

Mais si la mémoire de la France était si vivante en Bernanos, elle ne le ramenait si loin dans le passé que pour mieux le projeter vers l'avenir dans un grand élan d'espérance. C'est l'un des thèmes constants de son œuvre, de sa correspondance, de son amitié, de sa méditation sur lui-même et son propre destin : c'est l'enfance et la jeunesse d'un être qui juge à la fin cet être, et elles le jugent à leur mesure à elles, sur leur balance à elles. Même à moi il m'a écrit que ce serait le jeune moine que j'avais été jadis qui me jugerait. Il ne me l'a pas dit pour me rassurer : « Il ne vous ratera pas ! » avait-il ajouté. Il ne l'avait pas écrit davantage pour me jeter dans le désespoir, cette tentation lui était à lui-même trop présente pour qu'il osât l'infliger aux autres, c'était comme un rendez-vous qu'il me donnait au-delà du monde, un écho de cette parole de l'Évangile : « Si vous ne redevenez des enfants, vous n'entrerez pas dans le Royaume ! » Si Bernanos a été royaliste, il n'a été finalement le royaliste que de ce Royaume-là.

Il voyait, et il l'a écrit dans l'émouvant sermon de l'incroyant des *Grands Cimetières,* il voyait dans la double canonisation de Jeanne d'Arc et de Thérèse de l'Enfant Jésus — deux toutes jeunes filles, des enfants héroïques et intactes — un avertissement solennel donné à la France de retrouver, elle aussi, son enfance. Si, comme il le pensait, ce sont les enfants qui jugent le monde, la guerre de 14-18 avec ses hécatombes, la guerre de 39-45 avec ses humiliations, ses atrocités, ses horreurs, sont de terribles sommations données à la France d'avoir à retrouver au plus vite son enfance, l'enfance bénie de sa race, de la revivre en esprit et en vérité, sous peine de châtiments plus terribles encore. Mais pourquoi parler de « châtiments » ? Bernanos n'envisageait en aucune façon qu'on agît par peur mais seulement par amour. Recommençons par aimer l'enfance de notre peuple, nous finirons par mieux la comprendre, elle nous sera douce comme l'aube nouvelle après une si longue nuit. C'est ainsi, je suis sûr que c'est ainsi qu'il faut lire Bernanos.

Dans la convocation des États généraux, la rédaction des « Cahiers de doléances », l'immense frémissement d'espoir qui s'est emparé de la France en 1789, Bernanos voyait un dernier et généreux sursaut de la France pour remonter à sa source, retrouver l'ancienne vigueur. Il vénérait « le serment du Jeu de Paume », il voyait dans la Fête de la Fédération, malgré la médiocrité des principaux acteurs, le 14 juillet 1790, la dernière expression ingénue et publique de la communion française qui a si fortement marqué les origines de notre peuple. Il disait qu'à cette fête de la Fédération, un Français du XIIIe siècle se fût retrouvé chez lui.

La bourgeoisie, elle, ne s'est jamais retrouvée chez elle chaque fois que la France a fait un effort pour que se revitalise l'esprit de son unité originelle, parce que cet esprit est par nature très au-dessus des biens de ce monde, et la bourgeoisie n'est sensible qu'aux biens de ce monde, elle est matérialiste de naissance et de génération en génération. Elle n'a fait que haïr l'enfance de la France parce qu'elle n'en fut pas. Avec la Révolution, elle a enfin jeté le masque : en trois ans, le roi, dernier témoin et dernier symbole de la chrétienté allait d'abord être déchu, puis décapité. Alors se découvrit en plein jour le visage d'une classe qui ne sait qu'envier et haïr : le régime de la Terreur est dans notre histoire celui où elle s'est exprimée avec le plus de sincérité. Avant la lettre elle s'est ensuite constituée en « nomenklatura », composée de factions avides du seul pouvoir politique et de ses avantages immédiats, prêtes à s'entre-tuer pour obtenir ou conserver ce pouvoir. Logiquement la dictature est au bout d'une telle expérience. Ce qui arriva et ne pouvait manquer d'arriver.

A l'intérieur de la Révolution française, Bernanos distinguait l'esprit de 1789 et l'esprit de 1793 : « 89, c'est Péguy ; 93, c'est Maurras et Lénine ! » (p. 778). Il définissait les deux lignes de force suivant lesquelles d'après lui pourrait s'édifier l'avenir de la France : reprendre le mouvement de 89, et le poursuivre sur une lancée ascendante pour refaire une communion des Français ; ou continuer dans la voie de la démission, de l'abdication de la liberté et de la dignité humaine, en nous laissant aller à toutes les pesanteurs du totalitarisme.

Bernanos est resté toute sa vie fidèle à l'image qu'il s'était faite de la Commune de Paris en 1871, image qu'il tenait de Drumont : ultime tentative, sans espoir, de desserrer l'étau de l'État centralisateur et bourgeois, qui étouffe le génie français. La répression versaillaise lui a toujours fait horreur, elle avait pour lui le même visage que la Terreur, que les exterminations franquistes, nazies ou staliniennes.

On a trop dit de Bernanos qu'il cultivait un pessimisme déçu et amer. Rien n'est moins exact. Mais il est vrai que l'honneur de sa vie fut de rester scrupuleusement fidèle à la part de vérité qu'il détenait, qu'il savait détenir, et que nul ne l'empêcherait d'exprimer comme il l'entendait, avec toute la force, et parfois la brutalité, dont il était capable. Il prenait à la lettre ces paroles de l'Évangile : « La vérité vous rendra libres ! » La liberté des hommes est inconcevable hors de la vérité : l'ignorance est un joug, le mensonge est le consentement à la servitude. Nombreux ceux aux yeux de qui Bernanos passait pour un prophète, il l'était. Thomas d'Aquin définit le prophète en deux mots : *« Procul videns ! »* : celui qui voit loin, celui qui voit de loin, aussi bien dans le sens de l'horizon qu'en profondeur et en hauteur, aussi bien dans les consciences que dans les événements, dans l'histoire que dans l'avenir, dans le dessein de Dieu, maître de l'histoire. Est-ce la faute de celui qui voit, si ce qu'il voit inspire la terreur ? N'est-il pas alors le premier à en ressentir toute l'angoisse ? Le destin du monde où vivait Bernanos était aussi son destin, il a toujours accepté en toute humilité cette communion de destin avec tous les hommes, et d'abord avec le premier venu, connu ou inconnu. Il ne se sentait pas séparé des autres hommes, comment l'eût-il pu, vivant la charité du Christ comme il la vivait ? C'était un homme de communion parce qu'il était d'abord un homme d'espérance, d'une espérance qui ne trouvait qu'en Dieu son assouvissement final. Parole admirable, il a écrit : « Le malheur de l'homme est la merveille de l'univers ! » Pour lui, l'homme, ou le pays marqué du sceau du malheur, est par là même, et s'il le veut, marqué du sceau de Dieu.

Les dernières paroles qu'il a prononcées en public au Brésil ferment le gros livre du *Chemin de la Croix-des-Ames.* Elles peuvent encore définir l'état présent du monde : « La masse a le poids ; l'argent, la puissance. Je comprends très bien qu'on prétend dresser la masse contre l'argent. Mais la masse reste la masse ; et l'argent, sous une forme ou sous une autre, l'argent. Que m'importe le choc de ces monstres ? Ils survivront à tout. C'est la liberté qui va périr ! »

La liberté a besoin pour survivre d'un espace qui est du domaine de l'Esprit. Or l'Esprit paraît pour le moment avoir déserté ce monde qui lui est ennemi : la chair et ses puissances ne cessent de comploter contre lui. Pour le moment encore, rien ne paraît en état de pouvoir briser leur élan. Bernanos avait prévu — et cela lui apparaissait comme le signe le plus visible du reniement fondamental de la vocation française — que le discours politique allait s'abaisser de plus en plus aux termes de l'économie, et que les chefs politiques se mettraient à parler de la France, ainsi qu'un fermier parle de son plus bas bétail : « Pourvu qu'il grandisse ! Pourvu qu'il grossisse ! Pourvu qu'il prenne du poids ! »

6.

LA VOIX DE BERNANOS

« La voix des morts change vite et lorsqu'elle commence à prendre, dans le silence et le recueillement de l'âme attentive, je ne sais quel accent nasillard qui tient de la clarinette et du ventriloque, il n'y a plus de raison que cesse leur monologue éternel, ils n'attendent plus de réponse, ils nous répètent toujours la même chose et ils ne nous consolent de rien. » La voix de Bernanos est à la fois trop humble, trop vaillante, trop sincère pour être jamais de celles-là : on peut toujours lui poser les questions les plus intimes, celles qui assaillent la conscience, elle répond, ô réconciliatrice ! On peut écrire de Bernanos ce qu'il a écrit de Péguy : « C'est un homme qui, mort, reste à portée de la voix, et même plus près, à notre portée, à la portée de chacun de nous, qui répond chaque fois qu'on l'appelle. Cela prouve du moins qu'il n'y a pas beaucoup de mensonge en lui, juste ce qu'il en faut pour vivre, pour vivre notre pauvre chienne de vie, rien de plus, aucune imposture. Qui répond quand on l'appelle, et qui répond même à voix basse. Je ne dis pas que ce dernier signe soit celui de la sainteté, mais c'est tout de même une marque bien particulière de l'amitié de Dieu, et qu'il n'a pas toujours accordée à ses saints. Il y a des saints qui ne peuvent absolument pas nous parler de l'autre bord sans hausser le ton, et il ne faut pas les écouter aussitôt après l'Évangile, on deviendrait sourd par contraste. »

L'œuvre de Bernanos, quelle que soit la violence de certains accents, ne nous assourdit pas, elle garde un ton qui éveille en nous les échos d'une langue entendue jadis, d'une langue maternelle. Je sais bien quelle fut l'ambition avouée de Bernanos pour son œuvre : qu'elle fasse ce que jadis l'œuvre de Drumont avait fait pour lui, qu'elle donne aux consciences de quelques jeunes Français le sens de leur dignité originelle de chrétiens et de Français. Quelles que soient les déceptions ou même les indignations et les révoltes que provoque en eux ce qu'ils voient autour d'eux, qu'ils sachent qu'il n'y a jamais eu dans toute l'histoire du monde une civilisation plus haute, plus complète, plus harmonieuse, plus souriante que le fut la civilisation française à ses origines, qu'il n'y aura jamais plus haute dignité que celle d'être chrétien : cette possibilité qui nous est offerte par Jésus-Christ de devenir participants à la vie intime de Dieu, créateur du cosmos et finalité suprême de chacun de nous. Au diable, oui, littéralement au Diable, les surhommes mythiques et un avenir soi-disant « radieux », dont Dieu serait exclu.

Je crois être dans le droit fil de l'ambition intime de Bernanos en ajoutant ceci : si l'on veut véritablement tirer tous les bénéfices de cette œuvre, il ne faut pas la lire, comme on lirait celle de Céline ou de Proust, seulement pour l'avoir lue ni même pour se laisser bercer par une certaine musique de la langue — trait que Bernanos n'a à envier à aucun écrivain parmi les plus grands ! — mais en l'abordant comme l'œuvre d'un maître, et plus qu'un maître à penser, un maître pour fixer votre jugement et orienter votre action, éminemment apte à vous apprendre à vivre de grand' manière. Je me souviens du vieux Père Lagrange me disant de l'Ordre dominicain : le marteau de la porte y est à hauteur de cavalier. Je dis la même chose de l'œuvre de Bernanos. Voulez-vous y entrer ? Sachez que le marteau de la porte est à hauteur de cavalier ; dès que vous aurez franchi le seuil, la porte se refermera sur vous, comme celle d'un cloître. Pour la comprendre et pour en vivre, pour assimiler toute la substance de cette œuvre, il faut en effet s'y enfermer.

De toute façon le temps de la jeunesse est court, c'est pourtant le temps des choix décisifs. C'est bien pourquoi je suis partisan de décourager une certaine manière de lire qui ressemble à la déglutition chez un scarabée, lequel ingurgite et évacue chaque jour un bol alimentaire qui fait trois fois son volume. C'est à ce rythme qu'il reste un scarabée. Un homme jeune, une fille jeune, au contraire, s'ils veulent découvrir en eux ce qu'il y a de plus haut et de plus précieux, doivent choisir ainsi qu'un élixir leur nourriture appropriée. Et comme l'ambroisie qui nourrissait les dieux, les élixirs se boivent lentement, à petites gorgées, avec toute la concentration et le recueillement nécessaires. Quand on est jeune, il ne faut pas lire par gloutonnerie, il ne faut pas trop lire. Il faut choisir un tout petit nombre de livres et, si l'on a cette chance de la trouver, choisir entre toutes une œuvre et lui donner son âme. A celui, à celle qui donnera son âme à l'œuvre de Bernanos, cette œuvre la lui rendra enrichie au centuple, rayonnante, généreuse, conquérante.

Depuis le romantisme, le mot « génie » me paraît avoir pris un sens mou et flou, celui d'un terrain vague, d'un no man's land, où n'importe quoi peut être édifié sans poser de problèmes de construction. Tant pis, je l'utilise quand même : j'ai vécu près d'un homme de génie, j'ai été son ami et son confident, j'ai eu tout loisir d'en prendre la mesure qui me dépassait infiniment, et de voir de quoi était fait son génie : de dons naturels certes, mais qui n'eussent rien produit ou des fruits secs, s'ils n'avaient été défrichés, labourés constamment de plus en plus profond, ensemencés et moissonnés à la bonne saison, au prix d'un labeur incroyable, d'une obstination de tous les jours, d'une angoisse et d'une prière de mendiant pour que la pluie du ciel tombe et féconde le labeur. Et on voudrait qu'il n'en coûte rien pour entrer à son tour dans cette œuvre ? Cette terre que vous foulez a été arrosée de tant de larmes, ensemencée de tant de travail et d'amour ! Enlevez d'abord vos godillots ! C'est une terre sainte ! Elle ne deviendra le lieu de votre vocation et de vos amours que si vous êtes vous-même prêt à accomplir pour elle quelques sacrifices, et d'abord celui du temps, de l'attention, de la volonté farouche de comprendre : quand le cadeau qui vous est fait est de très haut prix, il faut parfois presque autant d'héroïsme pour être digne de recevoir qu'il en a coûté de donner.

Quelle peut bien être la place d'une telle œuvre dans la littérature française ? Bernanos est un solitaire. A son époque, il a été un solitaire, on ne peut pas le classer simplement entre Paul Valéry et Céline, encore moins entre Claudel et Mauriac qui font pourtant eux aussi profession de la foi catholique. Bernanos se distingue d'eux tous parce qu'il est d'une autre race qu'eux tous. C'est à l'étranger qu'on peut aller chercher ses pareils : un Nietzsche, un Dostoïevski, et je sais que la comparaison lui convenait. Non qu'il y ait quelque éclatante similitude entre ces œuvres et la sienne, mais il y avait à coup sûr entre ces trois-là une parenté de destin, de solitude et de souffrance. Chacun des trois donne le sentiment d'écrire comme un soldat blessé verse son sang sur le champ de bataille. Chacun des trois, même Nietzsche, eût pu prendre à son compte ces paroles du curé de Torcy dans *Le Journal d'un curé de campagne :* « Je prétends simplement que lorsque le Seigneur tire de moi par hasard une parole utile aux âmes, je la sens au mal qu'elle me fait. » Chacune de ces œuvres est une délivrance, au sens où on emploie ce mot pour l'accouchement d'un enfant, et l'accouchement, comme la gestation, furent pour eux trois infiniment douloureux. Pour aucun des trois, écrire ne fut un délassement, une partie de plaisir, mais une sorte d'exploit surhumain, après qu'il eut coupé les ponts derrière lui, brûlé ses vaisseaux, pris tous les risques, et sans filet. Chacun des trois payait à chaque fois le prix qu'il fallait, sans discuter, sans même jeter le moindre coup d'œil sur la facture qui lui était présentée. Je n'ai pas connu Nietzsche et sa folie, je n'ai pas connu Dostoïevski et ses crises d'épilepsie ; mais j'ai bien connu Bernanos, je l'ai vu dans son état d'angoisse : il y avait de quoi frémir d'épouvante et de compassion.

La cause de telles épreuves ? Je crois qu'on ne peut communier profondément au destin de l'homme, à sa grandeur comme à son malheur, sans se dépouiller soi-même de toute défense, sans se trouver naturellement au centre de la mêlée, sans recevoir et ressentir tous les coups qui pleuvent de partout sur la créature aimée de Dieu, et qui en est la magique, l'unique et si vivante cible. Oui, le malheur de l'homme est la merveille de l'univers. Quand on en est là, toute parole jaillie d'une telle détresse fait son chemin à elle et atteint comme son lieu propre, le centre du cœur de celui qui la lit. Je parle d'expérience : c'est ainsi, frémissant et tremblant comme si chaque mot me mettait directement en cause, qu'à vingt ans j'ai lu Nietzsche et Dostoïevski. Voilà ceux en compagnie de qui j'ai toujours considéré Bernanos.

Mais dans la tradition littéraire française, il est très seul : ici ou là dans Rimbaud ou dans Baudelaire, ici ou là dans les *Mémoires d'outre-tombe,* il y a des coups de gong qui ont la même résonance que les siens. Cependant c'est plus haut qu'il faut remonter pour lui trouver un frère de même sang, un seul, et c'est Pascal. Dans un siècle encore officiellement catholique, Pascal est seul à parler un certain langage qui nous va au cœur. Certes Bossuet est aussi catholique, l'un des meilleurs écrivains de notre langue mais il fait partie de ces morts dont parlait Bernanos : sa voix a pris un coup de clarinette, ou plutôt dans son cas, un coup de trompette : il nous assourdit sans que rien ne frémisse à l'intérieur de nous. Tandis que Pascal... celui des *Provinciales* autant que celui des *Pensées,* est le seul écrivain de ce siècle solennel, dont nous puissions relire quelques pages aux moments où, à bout de force et de chagrin, nous nous sommes assis un moment au bord du chemin. A y regarder de près, je percevrais aussi quelque cousinage entre Bernanos et Molière. Mais le frère de sang reste Pascal.

Sainte-Beuve, dans son *Port-Royal,* rapporte un incident de la vie de Pascal, qui m'a instantanément évoqué Bernanos tel que je l'ai connu, aimé. Je pense que la scène se passe à Port-Royal ; le Grand Arnauld et Nicole viennent de mettre au point un compromis qui leur permet de signer le fameux Formulaire. « C'est alors, dit la relation de Mlle Marguerite Périer, qu'il arriva à M. Pascal une chose fort extraordinaire. Lui qui aimait la vérité par-dessus tout, qui d'ailleurs était accablé d'un mal de tête continuel, et qui avait fait effort sur sa faiblesse pour imprimer en l'esprit des autres la conviction dont le sien était rempli, il se sentit tout d'un coup si pénétré de douleur qu'il se trouva mal, sans parole et sans connaissance. Après les premiers soins qui le firent revenir (...) Mme Périer demanda à Pascal ce qui lui avait causé cet accident : " Quand j'ai vu, répondit-il, toutes ces personnes-là que je regardais comme étant ceux à qui Dieu avait fait connaître la vérité, et qui devaient en être les défenseurs, quand je les ai vues s'ébranler et donner les mains à la chute, je vous avoue que j'ai été saisi d'une telle douleur que je n'ai pu la soutenir, et il a fallu y succomber ". »

Sainte-Beuve commente, dans son style un peu sulpicien : « Conçoit-on rien de plus admirable que cette si vive, si délicate et si vulnérable tendresse pour la vérité, au cœur de si fermes et si invincibles intelligences ? » Mais il conclut par ce trait féroce, qui m'enchante : « Fontenelle, Goethe et M. de Talleyrand n'ont pas de ces syncopes-là ! » Au jour d'aujourd'hui, combien d'évêques et de théologiens ne courent aucun risque de telles syncopes ! Je n'ai jamais vu Bernanos s'évanouir, mais je puis attester que l'état de la France et de l'Église lui était un tel tourment que littéralement il se rongeait le foie. C'est de cette angoisse qu'il a fini par mourir. Au fond, je ne crois pas à l'absolue sincérité de souffrances qui ne seraient que morales. La véracité de nos sentiments et même celle de nos idées me paraissent devoir engager la chair et le sang, sinon ils me sont terriblement suspects. En Bernanos, il y avait unité et communication si substantielles entre idées et sentiments d'une part et d'autre part son système nerveux, sa santé physique, sa chair et son sang, qu'il est impensable que s'élève le moindre doute sur la véracité de son témoignage. Il en est de même, et pour les mêmes raisons, de Pascal. D'où la place à part de ces deux écrivains dans notre littérature, d'où leur solitude, le rayonnement quasi sacré qui auréole leur œuvre. Ils sont littéralement intouchables. Même Valéry, mû par on ne sait quel sentiment venu d'ailleurs, a eu beau jeter toute son autorité et son prestige dans ses attaques incompréhensibles contre Pascal, celui-ci est resté inentamé, intact. Il en sera de même pour Bernanos. Nul déjà ne peut rien contre lui. On dirait que Pascal et Bernanos sont déjà mis en réserve pour d'autres temps, un temps de fin d'un monde, où chacun se trouvera coincé entre deux choix très simples où il jouera son va-tout.

Ce temps dont je parle peut venir plus vite qu'on ne l'imagine. L'idée de progrès qui a régné en tyran sur les esprits de nos grands-pères, gît à nos pieds comme un de ces jouets modernes dont le ressort est cassé. Les Michus et les poupées en étoffe étaient inusables, gardaient au fond des greniers quelque charme secret qui nous attendrissait quand on les découvrait après cinquante ans. Les jouets d'aujourd'hui n'intéressent que lorsqu'ils sont neufs et en état de marche : si quelque chose se casse en eux, ils n'ont d'autre destin que la poubelle. Il en est de même de nos idées et de nos opinions. Leur temps est bref et compté. C'est pourquoi il faut en changer constamment. État de choses trop instable pour pouvoir se prétendre une civilisation.

L'œuvre de Bernanos s'édifia dans une atmosphère de Déluge et d'arche de Noé, de catastrophe et de miracle. C'est naturellement dans cette atmosphère que je l'ai connu en juin 1937, à son retour de Majorque. Là-bas, comme partout où il se trouvât dans le monde, il écrivait dans les cafés. Dès le matin, il enfourchait sa moto et allait s'attabler au café pour travailler. Au retour, il ficelait son manuscrit sur le siège arrière et rentrait. Il m'a raconté qu'un soir, son paquetage s'était défait et qu'il avait perdu tout ce qu'il avait écrit des *Grands Cimetières,* qu'il lui fallut réécrire depuis la première ligne. C'est à ce moment-là que je l'ai rencontré, à son retour en France. Autour de lui, tout le monde était pressé qu'il eût fini ce livre, que le public lui-même attendait avec impatience : qu'avait-il à dire sur cette guerre d'Espagne qui n'en finissait pas ? Dès qu'il avait mis au propre une cinquantaine de pages, il les envoyait à l'éditeur, qui les mettait aussitôt en fabrication. Bernanos me donnait la primeur de ces pages qu'il me lisait de sa belle voix, qui vibrait dans mon cœur autant qu'à mes oreilles. Le livre achevé, le titre n'était pas encore trouvé : des télégrammes s'échangeaient entre Plon qui proposait des titres, et Bernanos qui les refusait. La situation tournait au burlesque. Un matin, à Toulon, Bernanos m'annonce, triomphant : « J'ai trouvé ! Ce sera *Les Grands Cimetières sous la lune !* » J'en fus stupéfait d'admiration. Bernanos télégraphia à Plon, qui trouva le titre exécrable...

J'ai dit la part que j'ai eue dans « l'édition » de *Scandale de la vérité* et dans *Nous autres Français*; mon rôle fut plus extraordinaire encore au sujet du texte qui serait édité plus tard sous le titre : *Les Enfants humiliés,* et qui reste un des grands livres de Bernanos. A ce moment-là, la guerre était déclarée mais le front occidental vivait dans un calme de bien mauvais augure. Je ne pouvais plus servir d'intermédiaire entre Bernanos et Gallimard, j'étais mobilisé et je venais de rejoindre le corps franc de Joseph Darnand. D'ailleurs les relations postales entre la France et le Brésil devenaient incertaines. Bernanos cherchait un moyen sûr de faire parvenir son manuscrit à Gallimard. Il se trouva que le poète Henri Michaux quittait le Brésil pour la France. Bernanos lui confia la copie définitive, d'ailleurs unique de son texte. Arrivé à Paris, Michaux remit le manuscrit en mains propres à Gaston Gallimard. Il était convenu avec Gaston que, dès qu'il aurait le texte, il m'en ferait faire une copie dactylographiée qu'il m'enverrait aux armées.

En 1940, je le rappelle, il n'existait pas encore de machine à photocopier ; le seul moyen d'avoir un double d'un texte était de le recopier soit à la main, soit de le faire dactylographier. Bien entendu, à partir de là, le travail de l'écrivain était terminé : il a donné à son éditeur un texte propre et définitif. Un large extrait de cet ouvrage parut dans le numéro de mai 1940 de la *NRF* : ce fut le dernier numéro qui parut de la *NRF* encore libre : après, ce fut la défaite et la mainmise de Drieu La Rochelle au service des Allemands sur la prestigieuse revue. Même auparavant, Bernanos n'aimait pas la *NRF*, qu'il considérait comme une revue d'intellectuels et de pisse-froid ; il y avait incompatibilité de nature entre la *NRF* et lui. Depuis, j'ai beaucoup pensé à cet événement, d'un texte de Bernanos paraissant dans la *NRF*, le premier et le dernier texte de lui dans cette revue. C'est vrai que Bernanos ne pouvait y être qu'un intrus. Comment eût-il pu mettre le pied sur un tel bateau, sans que le bateau coulât par le fond, ce qui se produisit. Mais les aventures des *Enfants humiliés* ne font que commencer. Je ne viens d'en relater que le premier acte.

Acte II. — Par prudence, les principaux services Gallimard avaient quitté Paris, s'étaient installés dans la grande propriété qu'avait Gaston sur les bords de la Manche, je ne sais plus précisément où. C'est là qu'était le manuscrit de Bernanos. Au cours des derniers jours de mai 1950, je reçois la copie dactylographiée du texte de Bernanos, promise par Gaston. Je suis alors sur les bords de la Somme, entre Ham et Nesles, sergent et chef de section dans ce qui fut le corps franc (qu'on appellerait aujourd'hui : un « commando »), à la tête duquel se trouvait Joseph Darnand. Je dévore le livre aussitôt, j'en suis tellement ému que j'en parle à Darnand qui me demande de le lire : il est bien placé pour le comprendre, surtout que Bernanos y évoque les combattants de 14-18, « la sainte expérience de la guerre » qui fut la leur. Darnand, très impressionné par cette lecture, me demande la permission de prêter le texte à l'un de ses lieutenants, Gallet. Sur ce, se déclenche l'offensive allemande sur la Somme. Il n'est plus question que de combattre. Gallet fourre machinalement la copie dans sa cantine qu'il boucle. Grièvement blessé, il est fait prisonnier.

Acte III. — Le front français est crevé, pour nous, commence la débâcle. Toutes les cantines d'officiers sont hâtivement entassées dans un camion expédié à l'arrière. Au fil des heures, le conducteur du camion comprend de mieux en mieux ce qui se passe, et fonce vers le sud. Pour je ne sais quelle raison, il a besoin de faire un peu de place dans son camion, se débarrasse ici et là de quelques cantines, dont celle du lieutenant Gallet, jetée dans un fossé.

Acte IV. — Gaston Gallimard, réfugié sur les bords de l'Océan est soudain menacé de se trouver en première ligne, et il n'aime pas ça, Dieu ! qu'il n'aime pas ça. Lui aussi s'enfuit vers le sud, laissant derrière lui sa belle maison avec tout ce qu'elle contient, dont le manuscrit des *Enfants humiliés.* La maison sera saccagée au hasard des flots de réfugiés venus du nord, puis occupée par les Allemands. Le manuscrit de Bernanos ne sera jamais retrouvé. La seule copie qui existe est celle qui se trouve dans la cantine du lieutenant Gallet, « à la merci des passants » de la plus grande déroute de l'histoire de France.

Acte V. — Pour nous, de l'infanterie, l'interminable retraite est commencée et va se précipitant, entremêlée de combats sporadiques et sans espoir : de la Somme à l'Oise, de l'Oise à la Marne et la Seine, de la Seine sur la Loire. De culbute en culbute, roulerons-nous ainsi jusqu'aux Pyrénées ? Il n'y a plus d'armée française, rien que des destins individuels et hagards. Pour ma part, je suis grièvement blessé le 11 juin à Lamorlaye ; ramassé et soigné par les Allemands, j'atterris à l'hôpital d'Amiens. Darnand et quelques-uns de ses hommes se battent ici ou là entre deux marches forcées. Un matin, il se repose sur un talus, regardant couler le flot des fuyards. Tout près dans le fossé, un objet attire son regard, une cantine d'officier : il la retourne, voit le nom : « Lieutenant Gallet », et le numéro du bataillon des chasseurs alpins. Il va sur la route, arrête un camion militaire qui appartient à la 29e division, la nôtre, se nomme : « Je suis le lieutenant Darnand, tu vas prendre cette cantine et tu la déposeras à Nice au magasin de la division. Maintenant, regarde-moi et écoute-moi bien ! Si cette cantine n'arrive pas à Nice à destination, quand tout ce fourbi sera fini, je saurai te retrouver où que tu sois, et tu auras affaire à moi ! » Quelques jours plus tard, après un dernier combat, Darnand est fait prisonnier à Lamotte-Beuvron.

Acte VI. — Tenant à peine debout, le 10 juillet 1940, je m'évade de l'hôpital d'Amiens, traverse la ligne de démarcation, en compagnie de mon ami René Duchesne. Je vais en convalescence chez ma mère à Montpellier. Darnand s'évade quelques jours plus tard et rejoint Nice. Il m'écrit de venir le voir aux environs du 15 août. Durant mon séjour à Nice, le lieutenant Gallet, rapatrié au titre de grand blessé, y arrive à son tour. On lui remet sa cantine, il la fait ouvrir : la première chose qu'on y trouve est le texte de Bernanos que Gallet me rend. Trois hommes auront été les instruments du sauvetage de ce texte, unique copie définitive des *Enfants humiliés* : Joseph Darnand, le lieutenant Gallet, grièvement blessé au combat, et moi, blessé, prisonnier, évadé. Dans la suite, Joseph Darnand sera condamné à mort et fusillé, Gallet, condamné à mort et gracié, quant à moi je terminerai la guerre comme aumônier de la Résistance intérieure : vous ne trouvez pas qu'il y a eu beaucoup de sang français versé autour de ce livre ? Nul autre livre plus que celui-là n'a été mêlé à la terrible aventure de la France malheureuse.

Inutile de dire que je me suis hâté de dactylographier moi-même une nouvelle copie, que j'ai mise en lieu sûr. Cette copie, je l'ai remise à Bernanos en 1945, en lui racontant cette incroyable histoire qui l'a ému au profond de l'âme : on eût dit que ce livre qui lui avait coûté tant de peine lui revenait couvert du drapeau français crêpé de noir, porté sur les épaules de soldats. C'est le texte même que j'ai remis à Bernanos qui a été publié par Gallimard, après la mort de Bernanos.

Je n'ai pas raconté cette histoire seulement parce

qu'elle est belle, mais parce qu'elle est vraie dans ses moindres détails. Cette histoire a été rapportée dans l'édition de la Pléiade de façon totalement inexacte et fausse. D'ailleurs si de jeunes Français lisent les livres de Bernanos dans la belle édition de la Pléiade, surtout qu'ils ne lisent pas les notes, elles ne feraient que les égarer sur le sens de l'œuvre. J'en pourrais donner cent exemples mais cela nécessiterait un autre ouvrage que celui-ci, et qui d'ailleurs risquerait d'être fort ennuyeux. Qu'il me suffise de donner ici mon témoignage : je suis trop près de la mort, trop près d'un Autre Jugement, pour être même tenté d'enjoliver la sainte réalité.

D'ailleurs, pour dire en effet toute la vérité, le texte qui m'avait été confié eût-il été perdu, restait le brouillon que Bernanos avait donné à M. et Mme Virgilio de Mello Franco : mais un abîme sépare le brouillon d'un ouvrage de sa rédaction définitive.

Dans moins de cent ans, tous ceux qui ont connu Bernanos seront morts. Seule l'œuvre témoignera pour lui. C'est dans cette perspective que je prends la responsabilité d'écrire encore ceci. En 1948, Bernanos rapporta du Brésil deux romans achevés : *Monsieur Ouine* et *Un mauvais rêve.* Il me demanda de lire les deux manuscrits et de lui dire en toute franchise ce que j'en pensais. Je les lus, les relus, concentré, attentif comme on l'imagine, et lui livrai, telles que je les ressentais, mes impressions sur l'un, sur l'autre. Du point de vue de la construction romanesque, *Monsieur Ouine* est sans doute le chef-d'œuvre de Bernanos : on ne peut aller plus loin dans la poétique propre au roman. Il n'y a de poésie que de l'indirect, et toute l'incantation est ici dans les éclairages de biais, dans un montage abrupt de séquences chargées de sous-entendus, dans le non-dit. A mes yeux, pour *Un mauvais rêve,* c'était une tout autre affaire. Il est très dur de dire à un écrivain, et combien davantage lorsqu'on est conscient de l'authenticité et de l'immensité de son génie, qu'on n'aime pas un de ses livres, mais c'est aussi la plus grande preuve d'amitié, et même de respect, de ferveur envers son œuvre qu'on puisse lui donner. Je me suis lancé : « On dirait un roman écrit par un autre que vous, écrit à la manière de Bernanos ! » Sur le moment, ma remarque le choqua, à coup sûr le blessa, mais très vite il s'y rallia, non à cause de moi mais parce qu'au plus profond de lui, il pensait déjà la même chose que moi sans vouloir se l'avouer. Des mois plus tard, la conversation tomba par hasard sur *Un mauvais rêve,* et il me dit : « J'ai détruit toutes les copies que j'en avais. Ce roman ne paraîtra pas ! »

Malheureusement, Bernanos est mort, et sa succession, du moins l'administration littéraire de cette succession est tombée entre les mains d'une sorte de Pernichon, et, horreur ! démocrate-chrétien en plus. Je fis part à ce personnage de la décision qu'avait prise Bernanos. Par malheur, une fois encore, selon sa coutume, Bernanos avait donné le brouillon de ce roman à un ami qui de bonne foi le rendit. C'est sur ce brouillon que le texte fut déchiffré et le roman publié. Par acquit de conscience, je viens de le relire, à plus de quarante ans de distance, mon sentiment n'a pas varié d'un pouce, il est infiniment dommage que ce livre ait paru. Non pas que je veuille avoir raison à tout prix dans cette affaire, grand Dieu, non ! je préférerais avoir eu tort. Si je demeure inconsolable de cette publication, c'est parce qu'elle fait tache dans l'œuvre romanesque de Bernanos, qui, sans ce roman, serait un bloc, unique dans notre littérature, de cohérence, de pureté et d'éclat. Tous les diamantaires vous diront que la moindre tache dans le plus beau des solitaires en ruine le prestige et la valeur. Mais c'est vrai aussi que Bernanos s'est toujours moqué des prestiges et des diamantaires.

Il reste au lecteur, pour qui l'œuvre de Bernanos sera source d'émerveillements et de nourriture, de faire comme si ce roman n'existait pas, d'en omettre la lecture : il gardera ainsi dans sa sensibilité et son âme la saveur d'une œuvre parfaite.

Jusque par-delà sa mort, Bernanos a eu le sort même de ses héros, de ses héroïnes les plus chers : Jeanne d'Arc est morte aux mains des casuistes et des bigots. Relisez la fin de *La Joie* et l'assassinat de Chantal de Clergerie. Écoutez les paroles de la cuisinière qui découvre le carnage, et c'est à l'œuvre de Bernanos que je pense : « On voudrait plutôt la porter à genoux, comme un Saint-Sacrement (...) Elle n'était jamais assez humiliée, elle ne désirait que le mépris, elle aurait vécu dans la poussière (...) Jamais elle n'a raisonné comme vous et moi, pauvre Ange (...) Elle aura tout renoncé, Monsieur, je vous dis, même sa mort. »

Une fois pour toutes, Bernanos avait remis sa vie

et sa mort entre les mains de Dieu. Il n'allait tout de même pas prendre un soin spécial de son œuvre après sa mort. Si nous avions su lire dans les événements, nous aurions su qu'une œuvre aussi essentiellement chrétienne ne pouvait échapper à certaines humiliations, et que, là aussi, « tout est grâce ».

7.

TEL FUT L'HOMME

Le propre des enfants, des héros et des saints est de n'avoir jamais su faire nettement la ligne de démarcation entre ce qui est possible et ce qui ne l'est pas. Tel fut l'homme Bernanos et l'image vivante que produit sur nous son œuvre fascinante, foisonnante et fraternelle : le seul passeport nécessaire pour bien y entrer, c'est une candeur certaine, la candeur d'Alice au pays des merveilles, qui permet de voir les êtres tels qu'ils sont, aussi surprenants soient-ils.

Si je devais choisir dans tous ces livres que j'ai lus tant de fois, celui où il s'est le mieux exprimé lui-même, où il est le plus facile de le retrouver lui, son ton, sa voix, ses yeux, et surtout son âme, je dirais que c'est *Le Journal d'un curé de campagne,* d'abord par la personnalité du curé de Torcy ; c'est évident pour tous ceux qui l'ont connu, Bernanos ressemble au curé de Torcy, ou le curé de Torcy lui ressemble : Bernanos a l'allure, la voix, le comportement, le ton du curé de Torcy, c'est ainsi du moins qu'il surgit devant moi quand je crois l'entendre me traiter de Gribouille. C'est ainsi qu'il était quand on le voyait dans le quotidien de la vie ; c'est ainsi qu'il s'exprimait. Beaucoup qui l'ont connu le reconnaissent et s'arrêtent là. Mais ceux qui sont entrés dans sa confidence doivent aller plus loin : son âme, son âme intérieure si j'ose dire, était celle du curé de campagne, et c'est pourquoi sans doute il n'a jamais osé lui donner de nom. Il est le petit curé d'Ambricourt, c'est tout, mais il est surtout Bernanos lui-même.

D'abord dans sa modestie et dans sa maladresse, dans l'impossibilité où il est de se débrouiller dans les affaires de ce monde. Bernanos a écrit que six enfants ne sont jamais parvenus à le convaincre qu'il fût véritablement père de famille, qu'une douzaine de livres magnifiques et qui avaient déjà eu un immense succès ne l'ont pas convaincu qu'il était un écrivain, que la guerre de 1914-1918 faite au plus bas échelon ne l'a pas davantage convaincu qu'il avait été un vrai soldat. Mais le jeune curé d'Ambricourt n'arrive pas non plus à se persuader qu'il est un vrai curé de paroisse. Ce qui le caractérise cependant, c'est que ne se sentant absolument pas à la hauteur de la tâche, dans une dialectique improvisée qui semble à chaque fois le précipiter de maladresse en maladresse, il fait toujours face aux humiliations comme aux responsabilités sans autre souci que d'être lui-même, un prêtre de Jésus-Christ, de faire de son mieux, en suivant à chaque fois un instinct divinatoire des âmes et des situations, qui lui vient à coup sûr de plus haut que lui. Tel est le redoutable privilège du prêtre de paroisse, par rapport au moine ou à l'apôtre spécialisé, dont on fait si grand cas aujourd'hui : le prêtre de paroisse ne choisit pas ses ouailles, tous ceux qui sont à demeure ou par hasard sur le territoire de sa paroisse sont ses enfants, étant les enfants de Dieu, à tous d'une manière ou d'une autre, il doit révéler la face de Jésus-Christ. C'est bien ainsi que Bernanos était : il redoutait plus que tout d'être enfermé dans une coterie, dans un clan, dans un parti. Il n'avait pas choisi ses enfants, mais ils étaient là ; à peine si l'on pouvait dire qu'il ait choisi ses amis. De tous, il se sentait responsable et en même temps perpétuellement dépassé, à chacun il donnait à chaque instant ce qu'il avait sous la main, la surabondance de son âme prodigue, même s'il avait conscience que ce qu'il donnait serait à la fois incompris et dissipé aussitôt. Il ne se gardait jamais aucune marge de manœuvre, aucune réserve, aucun trésor de guerre, aucune caisse noire, pas plus au propre qu'au figuré ; et sa conversation n'était si chaleureuse, si fascinante, que parce qu'on sentait à quel point il était personnellement démuni : « O doux miracle de nos mains vides ! »

Il percevait toute l'amplitude du don de Dieu, le caractère tout à fait prodigieux de la chance offerte à tout homme de devenir enfant de Dieu, et dans la même mesure se tourmentait excessivement de voir cette chance si généralement gâchée, s'en rendait lui-même responsable : si j'étais vraiment à la hauteur de ce que j'ai moi-même reçu, le monde serait autre, il en serait un peu meilleur assurément. Il écrivait dans *Le Journal* : « J'ai beau relire ces pages auxquelles mon jugement ne trouve rien à reprendre, elles me paraissent vaines. C'est qu'aucun raisonnement au monde, ne saurait provoquer la véritable tristesse — celle de l'âme —, ou la vaincre lorsqu'elle est entrée en nous, Dieu sait par quelle brèche de l'être... Que dire ? Elle n'est pas entrée, elle était en nous. Je crois de plus en plus que ce que nous appelons tristesse, angoisse, désespoir, comme pour nous persuader qu'il s'agit de certains mouvements de l'âme, est cette âme même ; que, depuis la chute, la condition de l'homme est telle qu'il ne saurait plus rien percevoir en lui et hors de lui que sous la forme de l'angoisse. Le plus indifférent au surnaturel garde jusque dans le plaisir la conscience obscure de l'effrayant miracle qu'est l'épanouissement d'une seule joie, chez un être capable de concevoir son propre anéantissement, et forcé de justifier à grand-peine par ses raisonnements toujours précaires la furieuse révolte de sa chair contre cette hypothèse absurde, hideuse. N'était la vigilante pitié de Dieu, il me semble qu'à la première conscience qu'il aurait de lui-même, l'homme retomberait en poussière. »

Je défie quelque lecteur que ce soit de me mettre sous les yeux une seule page de Sartre qui exprime mieux que ces quelques lignes de Bernanos la condition instable et tragique de l'homme entre l'être et le néant.

J'aurais désiré constituer et publier un florilège des œuvres de Bernanos, pour en révéler les centres nerveux, les articulations essentielles. On verrait alors en pleine lumière à quel point cette œuvre met en cause toute la pensée moderne et ses maîtres, à quel point elle les détrône de manière imparable. Un autre que moi le fera, lorsque l'œuvre sera dans le domaine public.

A la réflexion j'ai tort de dire que Bernanos remet en cause la pensée moderne, il l'ignore totalement, c'est un chrétien primitif d'avant cette pensée et comme je le disais, un catholique français du premier millénaire : la source unique de ses méditations et de la conduite de sa vie étaient l'Évangile et le catéchisme tels qu'il les avait appris à l'époque, bien avant les expériences catéchistiques actuelles qui ont donné des résultats si désastreux. Il se méfiait de l'apologétique dont l'ambition est plus ou moins de justifier la foi catholique face à la pensée moderne. L'idée qu'on prétende « justifier » la foi catholique lui soulevait le cœur de dégoût, alors que c'est la foi catholique qui nous justifie, qui était sa raison d'être. L'idée de perdre la foi se confondait pour lui avec un reniement de lui-même qui eût été pour lui le péché suprême. « J'ai la foi comme j'ai les yeux bleus, disait-il, je la tiens de ma mère ! »

Sauf Pascal — mais Pascal n'était-il pas dans une situation analogue à la sienne ? —, il tenait en haute suspicion toute la littérature « catholique » moderne, même Bossuet. Tous ces écrivains dont on faisait grand cas « dans nos maisons » étaient entrés plus ou moins en controverse avec le monde moderne tout en lui donnant des gages. Pascal était le seul à être pur de tout compromis ; tel était aussi Bernanos. Selon son expression, il lui suffisait, c'était amplement suffisant, d'avoir été jadis baptisé à Reims avec Clovis. Une véritable originalité ne va jamais sans vaillance : on ne soulignera jamais assez le courage que fut celui de ce petit garçon, élevé dans de bonnes écoles célèbres par leur « humanisme catholique », d'avoir traversé une telle éducation, dont il ne retiendra que le catholicisme, rejetant avec horreur ce que cette éducation véhiculait d' « humanisme ».

Il n'ignorait pas pour autant ce qui s'était passé depuis Clovis, il avait au contraire, je l'ai déjà dit, une culture vaste, réfléchie, solide, il avait beaucoup lu et fait un tri merveilleux dans ce qu'il avait lu, sa foi catholique lui avait servi de pierre de touche pour distinguer le vrai du faux.

Ainsi avait-il lu Rousseau. Il nourrissait même un faible pour le vagabond genevois, non en tant que penseur, mais en tant que vagabond. Voici comment, dans *Les Grands Cimetières,* il exécute le penseur : « Il est absurde de croire avec Jean-Jacques que l'homme naît bon. Il naît capable de plus de bien et de plus de mal que n'en sauraient imaginer les Moralistes, car il n'a pas été créé à l'image des Moralistes, il a été créé à l'image de Dieu. Et son suborneur n'est pas seulement la force de désordre qu'il porte en lui : instinct, désir, quel que soit le nom qu'on lui donne. Son suborneur est le plus grand des Anges, tombé de la plus haute cime des Cieux » (p. 399). Ailleurs Bernanos dit : « L'homme ne naît pas bon, il naît grand ! »

Nous sommes là au centre du centre de la singularité bernanosienne. Avoir été créé à l'image de Dieu et se trouver l'objet et le champ clos du prodigieux affrontement entre Dieu et le Diable, c'est une situation concrète et tragique, une situation de combat sans merci, une situation de choix qui, quand il est fait, engage toutes les ressources de l'être et aussi bien le temps que l'éternité, c'est une situation de grandeur et d'épopée tant l'enjeu est littéralement infini... Bernanos ne sortira jamais de cette vision élémentaire du monde et du destin de l'homme, qui fut celle de nos lointains aïeux. Et telle est la véritable vision du catholicisme.

Malheureusement — et c'est en effet un immense malheur, plus qu'un malheur, une trahison —, l'homme moderne a transformé de l'intérieur cette vision élémentaire et épique du destin de l'homme. Une scolastique dégénérée a fait du catholicisme un système intellectuel. Les jésuites ont fait du catholicisme un système moral. Bref, on a embourgeoisé le catholicisme. Ces systèmes prennent naturellement leur place parmi d'autres systèmes, le monde moderne et bourgeois engendre les systèmes avec autant de prodigalité que certains poissons produisent leur frai. L'imbécile, le médiocre, l'adulte, se trouvent à l'aise à l'intérieur de cette hideuse prolifération : elle leur donne l'illusion de pouvoir choisir, d'être intelligents, d'être des hommes faits, alors que jusqu'à la mort un homme reste à faire. Le catholicisme devenu système, transformable d'ailleurs, indéfiniment adaptable aux circonstances de temps et de lieux, a perdu du coup sa clientèle élue : il n'intéresse plus les enfants. Les systèmes n'intéressent pas les enfants, ils barbent les enfants, quand ils ne les rendent pas enragés.

Mais les enfants, tous les enfants, sont fascinés par l'épopée. Or le christianisme est une épopée : le champ de bataille où, avec la venue au monde de chacun de nous, recommence indéfiniment l'affrontement entre ces prodigieux adversaires, Dieu et le Diable, et au milieu de ce champ clos, Jésus-Christ qui porte sa croix, avec, comme dans les tournois au Moyen Age, l'assemblée des gentils hommes et des gentes dames, la nuée des anges et des saints ; alors là, ça n'est pas un système, c'est une histoire et il ne tient qu'à chacun de nous qu'elle devienne une histoire merveilleuse ou une histoire lamentable. Et les histoires intéresseront toujours les enfants, les feront tour à tour rire et pleurer. Tel est le sens de ces paroles de l'Évangile : si vous ne redevenez comme des enfants, la porte du Royaume vous sera à coup sûr fermée. En faisant du catholicisme un « système » intellectuel et moral, on a verrouillé devant les enfants les portes du Royaume, ils s'en retournent tout déçus, ils ne s'en consoleront pas.

Si je me suis convenablement exprimé, et que le

lecteur ait bien saisi ce que je voulais dire, il sera entré dans l'univers bernanosien.

Il n'y a pas, dans toute notre littérature, d'écrivain qui ait, mieux que Bernanos, parlé des béatitudes évangéliques et de celle des pauvres. Au cours de ma longue vie, je n'ai jamais rencontré de chrétien, même dans les monastères, qui les ait mieux vécues que lui. De même que pour François d'Assise, qu'il aimait tendrement, la pauvreté a été la dame des pensées et du cœur de Bernanos ; il a su non seulement prendre sa défense mais en célébrer les charmes. Le livre entier des *Enfants humiliés* est un hymne à la pauvreté, telle que Jésus-Christ nous en a laissé le modèle et l'esprit. Nul mieux que Bernanos ne s'est appliqué, sa vie durant, à tracer ce modèle, à définir cet esprit, à pratiquer concrètement cette vertu évangélique. C'est sur ce point avec celui de la douleur, que, selon lui, se manifestait de manière irréversible l'antagonisme du monde moderne avec le véritable christianisme : les économistes, disait-il, se sont assigné pour tâche d'éliminer du monde les pauvres, comme les médecins se sont assigné pour tâche d'en éliminer la douleur. Ce monde moderne lui paraissait damné, hors de toute récupération possible par la grâce de Jésus-Christ. Ce que je dis là heurtera bien des esprits, mais il me semble qu'il est hors de doute que ce que nous appelons notre civilisation soit dominé par les économistes et les médecins ; et que cette domination qui semble de droit divin commence à provoquer en nous quelque inquiétude, elle ne règne que sur notre peur de manquer, de souffrir — et de mourir ! Le message de l'Évangile s'adresse en l'homme non à sa peur mais à sa vaillance : de notre abondance ou de notre misère, de notre joie ou de notre peine, même de celles qui sont de ce monde, il faut nous en remettre à Dieu : « Fais ce que dois, advienne que pourra. » A celui qui lui fait confiance, Dieu seul mesure la somme d'épreuves que chacun peut supporter. Si nous faisons nôtre cette mesure en la vivant noblement, Dieu nous donne en plus la beauté des lys des champs. L'âme de Bernanos avait au plus haut point cette beauté sauvage, elle rayonnait autour de lui comme un soleil.

Tous ceux qui ont fait la guerre le savent, la pauvreté est le sort du soldat, l'incertitude de l'endroit où l'on couchera ce soir, et dans quelles conditions, l'insécurité matérielle totale quant à demain : mangerai-je à ma faim et par quels moyens, l'intendance suivra-t-elle, serai-je encore vivant ou mort, et si je suis mort, serai-je enterré ?

Curieusement, il y a une joie, qui s'exprime avec un accent discernable entre tous, contenue dans toutes ces questions sans réponse. Bernanos avait cette joie. Il se voyait comme un caporal dans cette immense armée des pauvres, dont Jésus-Christ est le chef et François d'Assise le Grand Connétable. Le texte que je vais citer vibre de cette joie secrète. La date à laquelle il a été écrit, 1939-1940, lui donne une signification particulière. A ce moment-là, et grâce à Dieu, Bernanos s'aperçoit que le petit trésor qu'il avait apporté de France s'est envolé, le voici de nouveau fauché comme les blés. Il a failli être, non pas riche, mais à l'abri du besoin, « à l'aise », expression qui suscitait en lui des images scatologiques (« Nul n'est à l'aise que sur son pot ! »). Il a échappé de justesse à ce dégoûtant danger. Alors il exulte, et on dirait le chant de retrouvailles amoureuses : « La Pauvreté m'a toujours comblé de bienfaits, dont il m'est arrivé d'ailleurs de méconnaître un temps le prix, car je ne me flatte évidemment pas d'avoir le cœur aussi magnanime que le sien. Mais c'est pour sa charité que je l'aime, pour sa tendre clairvoyance, sa sollicitude exquise (...) Chaque pauvre a sa pauvreté particulière faite à son image et ressemblance, son ange gardien, son ministre Angélique de la Pauvreté. Vous pensez bien que je n'ai pas la prétention d'avoir reçu la même que saint François d'Assise ? Ma Pauvreté est évidemment d'une condition beaucoup plus modeste, mais précisément à cause de cela, nous sommes elle et moi de plain-pied, nous finissons généralement par nous comprendre. Elle feint toujours de n'exiger rien, elle ne demande pas grand-chose, elle obtient ce qu'elle veut par des ruses charmantes, infaillibles, elle ne me dépouille pas, elle me triche, et, lorsqu'elle me voit fâché, elle glisse un atout dans mon jeu, ce qui lui est d'ailleurs facile puisqu'elle les a tous dans sa manche. Bref, la Pauvreté m'a beaucoup moins imposé d'épreuves qu'épargné des sottises, et si les pauvres — je dis les pauvres, non pas les misérables, hélas ! — voulaient être sincères, ils reconnaîtraient comme moi que leur Pauvreté agit de même avec eux, qu'elle est la merveilleuse et gracieuse intendante, non de leurs biens, mais de leur vie. »

Évidemment la signification mystique d'une telle page est peut-être peu accessible. Je voudrais éviter les simplifications grossières. Bernanos n'était pas contre les riches, ceux qui sont vraiment très riches, il ne les enviait pas, je crois qu'il avait d'eux quelque pitié : « Je ne suis pas ennemi de l'extrême opulence, j'admire ceux qui n'en sont pas écrasés, je plains les autres, et qui n'étaient pas nés pour un tel risque. » On m'accordera en tout cas que ce discours a une tonalité évangélique, qu'il réfute à l'avance, et de manière terrible, l'esprit de la « théologie de la libération », qu'il ne prêche pas aux pauvres la révolte, mais la joie d'une communion privilégiée avec Jésus-Christ.

Ce que nous appelons « notre civilisation », pur produit de l'esprit bourgeois, fabriquée et mijotée par lui, lui paraissait d'une grossièreté extrêmement sommaire. En évitant toute lourdeur scolastique, toute cuistrerie, qu'il avait en horreur, il a introduit dans son jugement sur cette civilisation quelques distinctions essentielles, qui, si elles étaient comprises et méditées, pourraient nous ramener sur le seuil merveilleux des Béatitudes. Aux riches l'honneur, dit-il, aux pauvres la charité : et si vous faisiez aux pauvres la charité de l'honneur ? Dans une société qui serait chrétienne, la vraie pauvreté (pas la paresse) serait honorée, parce qu'alors elle est un honneur. « Nous sommes pauvres, disait-il encore, comme les Rois sont légitimes, par la seule grâce de Dieu. »

Dans nos querelles à ras de terre, il introduisait bien d'autres distinctions qui, si l'on y prenait garde, pourraient réconcilier les esprits, apaiser les cœurs. Mais malgré les roulements de tonnerre qui semblent traverser son œuvre de part en part, ce qu'il avait à dire de plus important, il l'a dit à voix basse.

Ainsi d'une maxime qui revenait souvent dans sa conversation, et lui servait de critère de base dans beaucoup de jugements qu'il portait sur les hommes ou sur les situations : « La justice et l'injustice appartiennent à deux univers totalement différents, définitivement éloignés l'un de l'autre. » Plus j'ai réfléchi à cette maxime surprenante, plus je l'ai trouvée vraie et féconde, mais elle n'est compréhensible que dans un contexte chrétien. Que signifie-t-elle ? D'abord ceci : tout combat perdu par l'injustice n'est pas forcément gagné par la justice. Quand on combat l'injustice, cela ne veut pas dire qu'on soit dans le camp de la justice, dans le camp des justes. L'indignation et le combat contre l'injustice sont un piège vivant qui se referme sur celui qui s'y engage, le dévore vif comme ces fleurs insectivores qui emprisonnent et digèrent dans leur corolle le papillon qui s'y est hasardé.

Quant à la justice, elle se tient bien loin de tels affrontements. Il n'y a pas de vraie justice sans amour. L'amour est le seul oxygène qui permette à la justice de respirer. Cela n'est pas romain, cela n'est pas bourgeois, cela est une vision strictement chrétienne du juste et de l'injuste.

Quand j'ai commencé de fréquenter familièrement Bernanos, l'une des choses qui m'a le plus stupéfié est qu'il n'avait pas de bibliothèque. J'ai été plus déconcerté encore quand je me suis aperçu qu'il n'en voulait pas. Ce qu'il lisait ? Les livres que des auteurs, des éditeurs ou des journaux lui envoyaient : il y trouvait ce dont il avait besoin sur le moment. Chaque jour, il lisait le journal, écoutait la radio. Cependant, chaque matin, et quoi qu'il arrivât, il y avait une demi-heure réservée, sacrée. Avant que la maison ne s'éveillât, ne s'emplît de brouhaha, il lisait, dans son vieux missel usé, la messe du jour en latin, avec toute la concentration de l'esprit et de l'âme dont il était capable : ce prédestiné avait reçu le privilège divin de l'attention. Il se nourrissait avidement des formules inchangées de la liturgie, leur trouvant chaque matin l'éclat du neuf : chaque matin, c'était à lui seul que ces paroles étaient dites pour la première fois dans toute l'histoire du monde, c'était son pain quotidien et supersubstantiel. Ainsi commençait sa journée. Le dimanche, il allait à la messe avec toute la famille et habituellement communiait.

Puis au hasard de la journée, il commentait avec les uns ou les autres, avec le tout-venant, « les nouvelles du jour » et même les faits divers. Il était tout aussi attentif aux réactions des gens. Là, s'amorçait au plus profond de lui sa réaction singulière à l'événement qu'il élaborait peu à peu. Il lisait aussi les romans policiers achetés par ses enfants et les journaux de leurs âges divers ; il se fût aussi bien intéressé aux bandes dessinées, si elles eussent existé de son temps. Enfin, il lui arrivait, de loin en loin, d'aller au cinéma. Mais il était évident que, dans sa jeunesse, il avait beaucoup lu et beaucoup retenu. C'était tout. Cela suffisait largement à alimenter sa méditation, son incessante rumination. A la vérité, l'aliment de cette méditation et de cette rumination ce n'étaient ni les journaux, ni les livres, ni les films, c'était la vie même, sa vie à lui, celle de ceux qui l'entouraient, de ceux qu'il aimait, de ceux qui l'aimaient, la vie et les visages, les regards, dans lesquels il lisait mieux que dans les livres. De toute ma vie, je n'ai jamais rencontré quelqu'un qui ait vécu plus intensément, plus quotidiennement, cette vérité qui est le fondement de la communion chrétienne, le commandement d'amour de Dieu et du prochain comme soi-même. A vrai dire, pour lui, ce n'était pas un commandement, c'était une information biologique, une programmation génétique élémentaire : il lui fallait aimer, l'amour était l'oxygène de son âme. Certes, il se mettait aisément en colère, contre lui-même, contre les autres, contre tout : c'est que l'air qu'il respirait était appauvri en oxygène. Sa colère était l'expression d'un étouffement.

J'avais le sentiment que sa prière ne s'arrêtait pas

plus que les battements de son cœur. Il n'était pas à l'extérieur mais à l'intérieur de la vie intime de l'Église, il y était comme un enfant à naître bientôt vit déjà d'une vie autonome, pourtant totalement dépendante encore, dans la douce chaleur nourricière des eaux maternelles. Il le savait bien d'ailleurs, la vraie naissance d'un homme est à venir, quand au moment de notre mort, l'Église, notre mère, nous enfantera à la vie éternelle. Je crois que ce sont ses propres termes. Ce qu'il y avait de surprenant chez lui, c'étaient la simplicité et le naturel avec lesquels il disait ces choses, les exprimant tranquillement comme on parle des choses de la vie. C'étaient pour lui des choses de la vie, il n'existait pas pour lui d'autres choses, d'autre vie : ainsi prenait-il quotidiennement possession de son âme, c'est-à-dire du principe de sa vie, selon les mots très forts de l'Épître aux Hébreux : « Nous ne sommes pas fils de la soustraction pour notre perdition, mais nous sommes les enfants de la foi pour l'acquisition véritable de notre âme. » Nul n'était moins « intellectuel » que Bernanos : un intellectuel vit dans l'abstraction, c'est-à-dire dans la soustraction du concret. L'intellectuel laisse échapper la proie pour l'ombre. Bernanos était trop bon chasseur pour se livrer à un tel jeu.

Quand je parle de « concret », j'entends ce mot au sens étymologique le plus fort *(con-crescere)* : Bernanos était un jeune arbre dans la forêt de l'Église catholique, dans la forêt de toutes les âmes passées, présentes ou futures, qui ont soutenu, soutiennent, soutiendront la réalité de ce qui est invisible avec la même force que si cette réalité leur sautait aux yeux : « *Invisibilem enim tanquam videns sustinuit.* »

Certes, il fut dur pour les gens d'Église, parce qu'il croyait de tout son cœur en leur légitimité surnaturelle ; d'eux seuls pouvait pour lui survenir le scandale. C'est parce qu'à ses yeux ils engageaient le Christ lui-même dans leurs paroles et leurs actions qu'il se sentait d'eux solidaire. S'ils n'eussent engagé qu'eux, que lui eût importé ? Ce n'est pas de gaieté de cœur qu'il les mettait en cause : « Je ressens tous les coups que je vous porte, je ne vous atteins qu'à travers ma propre chair, ou plutôt c'est à vous que je me déchire, je me trouve dans le scandale comme dans un buisson d'épines, et chaque effort que je fais pour me délivrer m'arrache la peau. Que j'avance ou recule, la souffrance est la même, j'ai pris le parti de foncer en avant, d'avancer, je me jette en avant, Dieu me garde ! Que vous me croyiez ou non, cela n'importe guère. Je ne suis absolument rien dans tout ceci, rien ne peut m'atteindre ; ce n'est pas moi que vous avez devant vous, c'est le scandale que vous m'avez donné. Certes, je ne me flatte pas de porter à l'Église plus d'amour que vous. Je l'aime douloureusement, voilà la vérité, je l'aime comme la douloureuse vie elle-même, je l'accepte telle quelle, telle quelle je tâche de l'accepter, et il me semble qu'au terme de cette acceptation, si du moins j'en étais jamais digne, je recevrais mon humble part dans l'immense effort de son ascension » (pp. 735-736).

Bernanos était d'Église et se voulait d'Église d'un cœur plein et entier, de la grande Église catholique romaine. Cette appartenance lui était plus chère que la vie. Après la publication des *Grands Cimetières,* tous les évêques espagnols sauf deux demandèrent avec insistance à Rome sa condamnation. Le livre fut flairé sous toutes ses coutures par les censeurs sourcilleux du Saint-Office, il fut impossible d'obtenir la condamnation. Si la condamnation ne fut pas prononcée, c'est qu'il n'y avait pas lieu qu'elle fût prononcée. Si ce malheur s'était produit, Bernanos se fût soumis, totalement soumis, sans aucune restriction mentale, j'en témoigne. Sa soumission allait plus loin, beaucoup plus loin que le cri douloureux du père Clérissac : « Il faut savoir souffrir non seulement pour l'Église mais par l'Église ! » Je pourrais trouver dix pages plus explicites les unes que les autres exprimant la soumission de Bernanos à l'Église. Qu'il me suffise de cette brève citation : « Si j'ai écrit *Les Grands Cimetières,* c'est que l'Église que je sers et moi-même nous ne sommes engagés qu'à Dieu, c'est-à-dire à la vérité. Rien ne peut nous séparer de Dieu et de l'Église que le mensonge » (pp. 762-763). Rien n'était plus opposé à son comportement que de se faire juge de cette vérité que l'Église détient et dont nous attendons d'elle qu'elle nous l'enseigne, même si nous ne comprenons pas toujours les sacrifices qui nous sont demandés en son nom. Bernanos avait une horreur quasi physique du schisme, comme d'un sacrilège et d'une messe noire.

« *Deus absconditus, Salvator !* » Dieu caché et sauveur, sauveur parce que caché, d'autant plus sauveur qu'il est plus caché ; il est de nécessité vitale de le chercher à tâtons, de ne le trouver et le reconnaître que par le toucher intime de l'âme, de l'arrêter alors, de s'en saisir, de ne plus s'en séparer : jeu de masques, partie de colin-maillard ; celui qui gagne trouve Dieu, celui qui perd perd son âme, se désintègre. Ah ! ce Dieu caché d'Isaïe, ce Dieu enfoui dans la chair sous César Auguste, qui a marché sur nos chemins terrestres, mort et ressuscité sous Tibère, ce Dieu voilé dans l'Eucharistie, et dont ceux qui le trouvent ne pensent plus qu'à se cacher aussi : « *Vita abscondita cum Christo in Deo* » ! Il est vraisemblable que quelques-uns des plus grands saints, à force de vouloir vivre cachés, restent à jamais inconnus de nous sur cette terre. Cette ambition pour les saints de demeurer cachés est telle que si, là où ils sont désormais, ils pouvaient être humiliés, leur canonisation posthume serait ressentie par eux comme une humiliation. Jamais amants n'ont dissimulé leur liaison, jamais avare n'a enfoui son trésor, avec autant de jalousie et de soins qu'un saint ne cache son union avec Dieu. Jamais aucun saint n'est devenu saint en vue d'être canonisé. L'amant secret vit pour l'objet aimé, l'avare vit pour son trésor, leur passion est telle qu'ils finissent par se trahir par un certain air d'absence qu'ils ont dans les affaires qui ne concernent pas leur passion. Bernanos avait de temps en temps cet air d'absence. C'étaient les moments où il fallait absolument que je me taise, il n'était absent que pour moi. En réalité, il était englouti par une autre Présence dévorante : c'est là que naissaient son génie et aussi sa solitude, et aussi, paradoxalement, la profonde compassion qu'il éprouvait pour les autres.

Je pensais à cela quand André Frossard disait à la télévision que Jean-Paul II voudrait canoniser des laïcs. Eh bien ! qu'on fasse ouvrir immédiatement le procès de Bernanos, laïc, écrivain et père de famille nombreuse, sur la manière concrète dont cet homme baptisé a pratiqué, jusqu'à l'héroïcité, les vertus évangéliques. Mais qu'on le fasse immédiatement : les témoins de sa vie vont se faire de plus en plus rares, et il n'existe pas de biographie de Bernanos qui rende réellement compte de ce qu'il fut. Ce serait beau d'avoir un romancier sur les autels. A mon sens, l'acte de la canonisation est l'une des manifestations les plus concrètes par laquelle se traduit avec le plus d'éclat l'incomparable imagination du Saint-Esprit au sein de l'Église. Et si l'on exige encore des miracles pour canoniser un serviteur de Dieu, il faut bien aussi être attentif à ce qu'on appelle miracle : les miracles d'un romancier ne seront pas tout à fait du même style que ceux d'une carmélite. A deux reprises dans ma vie, et depuis la mort de Bernanos, j'ai eu la sensation brutale, comme une décharge électrique, du miracle, mais d'un miracle d'une nature si minutieuse, si subtile, si affirmative et si pudique qu'il ne pouvait être que l'œuvre d'un génie poétique d'une singulière maîtrise. Il m'a semblé reconnaître ce style et sentir derrière ce style une présence que je ne pouvais confondre avec nulle autre.

Loin de nous séparer les uns des autres, l'amour du Christ nous unit, au point que le seul signe qu'il nous ait laissé de notre connivence personnelle avec lui, c'est que nous nous aimions les uns les autres. Aux premiers siècles, les païens reconnaissaient les chrétiens à ce signe : « Voyez comme ils s'aiment ! » C'est à cela que je pensais hélas, en regardant une émission des « Dossiers de l'écran » : sur le plateau, il y avait deux évêques dits « conciliaires » ; plus deux prêtres traditionalistes en soutane, plus quelques comparses. Ce qui crevait l'écran, c'est que tous ces chrétiens ne s'aimaient pas, signe funeste ! Jésus-Christ l'a dit : quand il reviendra, retrouvera-t-il sur terre quelque foi ? Prenons garde : on ne perd la foi qu'après avoir perdu l'amour.

C'est là que Bernanos fut l'un des chrétiens les plus exemplaires que j'aie connus. Le mouvement le plus profond de son âme faisait que l'amour passait toujours en premier. Il l'a dit, il n'a cessé de le redire, il voulait comprendre, il cherchait toujours à comprendre, à deviner le mystère des êtres, la signification des événements qui l'écrasaient parfois de leur masse absurde. Mais il a toujours su, et il a toujours dit, que le seul, absolument le seul moyen qu'il avait de comprendre, c'était d'aimer d'abord, d'aimer de tout le poids de son âme, d'aimer à tout-va et à fonds perdu. Il vénérait le risque, pour lui l'honneur de l'homme est de mesurer son risque et de l'assumer lucidement. Mais à la fin des fins, il n'y a pas d'autre risque pour l'homme qui mérite vraiment d'être couru, que le risque d'aimer. Pour Bernanos, toutes ses déceptions passaient constamment par profits et pertes, pourvu qu'il pût encore aimer.

Il aimait obstinément, envers et contre tout ; il aimait sévèrement, douloureusement, gaiement aussi, il aimait généreusement, c'est-à-dire en considérant que le premier effet de l'amour était de prendre devant Dieu la responsabilité de celui, de celle qu'il aimait. Il aimait comme Dieu aime : une fois pour toutes et sans repentance. Comme Dieu aussi, il était terriblement exigeant. Une fois je le lui ai dit et il ne s'est pas récrié : « Vous êtes comme Dieu : tant qu'on ne vous a pas tout donné, on n'a rien donné ! » Il a aimé la vie parce qu'elle était un don de Dieu, et que sans elle on ne peut faire l'expérience de l'amour. Il a aimé les siens, tels qu'ils étaient, assumant la responsabilité de leurs destins. Il aimait les inconnus qu'il rencontrait par hasard. Il aimait beaucoup et de manière tout à fait spéciale, avec des prévenances privilégiées, les incroyants : il s'en sentait responsable. Pour lui l'état d'incroyance était d'abord une déception d'amour ; c'était la manifestation la plus éclatante de la médiocrité des chrétiens. Jamais il n'a reproché à quiconque son incroyance. C'était à lui-même, à son manque d'amour, qu'il reprochait l'incroyance de l'autre : « Si je l'aimais comme il faut, comme je devrais l'aimer, peut-être se mettrait-il à croire ? » Car pour lui croire, c'était d'abord croire à l'amour, accepter humblement d'être aimé, alors que nous le méritons si peu.

Dans *Les Grands Cimetières,* Bernanos a exprimé comment le croyant est littéralement le débiteur de l'incroyant, au sens antique, j'allais dire « sauvage », des mots, où le débiteur insolvable devient la propriété, l'esclave du créancier : « La foi est un don de Dieu, si précieux qu'il engage terriblement celui qui l'a reçu, fait de lui surnaturellement le débiteur d'autant de misérables auxquels il a été refusé par une mystérieuse prédestination, dont la seule pensée devrait nous remplir d'épouvante » (p. 446). Nous touchons là une articulation majeure du comportement bernanosien. On peut mesurer la médiocrité d'un chrétien au seul fait qu'il considère sa foi comme un privilège personnel, alors qu'elle est d'abord une écrasante responsabilité à l'égard tout à la fois du Seigneur Jésus et de ceux qui sont assez malheureux pour ne pas croire en lui. En face d'un incroyant, Bernanos avait l'attitude humble, attentive, respectueuse du mystère, qui plaçait l'incroyant plus haut que lui : puisque, d'une manière certaine, l'incroyant pouvait exiger à tout moment ce que Bernanos était incapable de lui donner. Sur le plan surnaturel, Bernanos a mené la vie d'un homme harcelé de dettes : à chaque fois qu'il rencontrait un incroyant, il s'en découvrait de nouvelles. Ce rapport singulier qu'il avait une fois pour toutes défini avec les incroyants est la cause de l'exceptionnelle fascination qu'il a exercée sur eux tous, que son œuvre exerce encore. Bernanos est le seul écrivain catholique de ce siècle dont on puisse donner l'œuvre à lire à n'importe qui.

Bernanos a aimé la France au pire moment de son déshonneur. Je crois que cette nécessité de l'exil qui le harcelait provenait de cette résolution qu'il avait prise d'aimer la France jusqu'au bout. Seulement à la fin, il ne pouvait l'aimer encore que de loin.

C'est pourquoi il a tant aimé la liberté, parce qu'elle est la condition de l'amour : on ne peut aimer que librement. Pour lui, l'amour-passion n'était pas tout à fait l'amour : la liberté y est trop réduite. Il n'y avait pour lui d'amour véritable que dans la lucidité et la franchise. Il avait horreur de la sentimentalité et de l'attendrissement sur soi-même : « Il y a des ramollissements du cerveau, le ramollissement du cœur est pire. » Il était exigeant pour ceux qu'il aimait, j'ai le sentiment que par-delà la tombe son amour est resté le même. L'estime qu'il pouvait porter à un être l'aidait à l'aimer davantage. Il souffrait jusqu'au tourment quand il ne pouvait estimer tout à fait ceux qu'il aimait. Cela valait pour la France. Cela valait pour tous ceux qui l'entouraient, pour tous ses amis. Cela a valu pour moi. Heureux celui qui a eu dans sa vie un ami aussi lucide, aussi intransigeant, finalement aussi secourable. Il n'y a que les grandes exigences qui maintiennent un homme debout.

Les dernières paroles prononcées par Bernanos sur cette terre furent : « Et maintenant, à nous deux ! »

Il faudrait être de l'autre côté du monde pour évaluer la véritable signification des dernières paroles d'un mourant. Cependant, comme elles ont été prononcées en ce monde, elles l'ont été pour nous, il n'est pas interdit de leur chercher un sens en accord avec ce que chacun connaît du mort.

Bernanos a parlé de sa propre mort comme du retour du petit garçon qu'il fut jadis, rassembleur de toute sa vie, pour rentrer d'un bon pas dans la maison du Père. Ce même petit garçon avait lu Balzac : les dernières paroles qu'il ait prononcées sont exactement celles du jeune Rastignac regardant Paris au sortir du Père-Lachaise : « Et maintenant, Paris, à nous deux ! » Ces mots avaient dû beaucoup faire rêver le petit garçon Bernanos, pour qu'il ne les ait jamais oubliés, qu'ils soient revenus spontanément sur ses lèvres au dernier moment, mais assurément transfigurés par le génie, l'angoisse, l'amour, la prière incessante de toute une vie : sur ces lèvres déjà bleuies par l'agonie, ils avaient assurément un tout autre sens que dans le roman balzacien.

Bernanos n'aimait pas Paris, ce n'était donc pas de Paris qu'il pouvait s'agir pour lui au moment suprême où il quittait ce monde. Je crois qu'il s'agissait pourtant d'une autre cité, de cette Jérusalem céleste qui est aussi la maison du Père, dans laquelle il s'apprêtait à rentrer en fils victorieux, participant de la passion et du triomphe de Jésus-Christ. C'étaient paroles de Croisé, car, pour les Croisés, la Jérusalem terrestre n'était que la figure et le gage de la Jérusalem éternelle.

Dans le roman balzacien, Rastignac n'est qu'un

Croisé dégénéré, encanaillé dans la bourgeoisie, et qui a transféré sur les biens de ce monde le grand rêve des aïeux, l'image qu'ils avaient du paradis. Reprenant les mots de Rastignac, le petit garçon Bernanos en régénérait l'esprit, leur redonnait leur sens antique et glorieux. C'était un Croisé, resurgi dans notre époque médiocre, qui s'exprimait dans le dernier sursaut de tout l'être, en cette langue française qu'il a toujours humblement servie et respectée.

L'élection de Dieu sur un homme est toujours une solitude. D'un bout à l'autre de sa vie, et de mieux en mieux, Bernanos a vécu cette solitude. C'est lui qui a écrit : « Il faut remonter la solitude comme on remonte la nuit, jusqu'à l'aurore. »

C'est encore Bernanos qui a écrit : « Ce n'est pas ma chanson qui est éternelle. C'est ce que je chante. »

ANNEXE 1

La genèse de *Dialogues des Carmélites*

(Pour fixer un point d'histoire littéraire)

Au tout commencement de *Dialogues des Carmélites,* il y eut un grand poète et un livre, un tout petit livre mais admirable. Le poète, ce fut un grand écrivain allemand, Gertrud von Lefort. Le livre fut *la Dernière à l'échafaud.* Ce chef-d'œuvre, une nouvelle, a défini le code génétique originel d'où toutes les œuvres postérieures sont issues.

Gertrud von Lefort a écrit *la Dernière à l'échafaud* au moment de la montée du nazisme en Allemagne. Cette montée d'une idéologie forcenée l'épouvantait, lui était le signe d'un retour au chaos, d'un déchaînement de violence pure, de profanation sacrilège de l'homme par l'homme. Cette épouvante provoquée par ce qu'elle avait sous les yeux, elle la transposa dans une parabole dont elle trouva le prétexte dans un épisode de la Révolution française : le saccage du Carmel de Compiègne, l'arrestation, le jugement, la condamnation de ses Carmélites qui furent effectivement guillotinées en juillet 1794, quelques jours avant la fin de la Terreur. L'événement historique n'est en effet que prétexte. C'est la romancière qui inventa le déroulement et les péripéties de l'histoire, le personnage central de Blanche de la Force auquel elle donna son propre nom, les thèmes que l'on retrouvera constamment dans le texte de Bernanos : le conflit de l'angoisse et de l'espérance, de la peur et de l'honneur, la valeur du sacrifice face au chaos, la communion des saints et des pécheurs. C'est Gertrud von Lefort qui a défini essentiellement les caractères, non seulement de Blanche, mais de la première et de la seconde Prieure, de Marie de l'Incarnation, la trame romancée de l'histoire et les situations capitales où se meuvent à la fois les personnages et le destin dont ils sont les jouets. En s'élevant à cette hauteur, Gertrud von Lefort évitait le mélodrame et haussait l'œuvre au niveau propre de la tragédie.

La nouvelle de Gertrud von Lefort fut excellemment traduite en français et parut à Paris en 1936 ou 1937 dans une petite mais précieuse collection, intitulée *les Iles,* éditée par Desclée de Brouwer et dirigée par Maritain. Ce texte a été republié par L'Age d'Homme.

Dès la parution de la traduction française, Maritain m'en envoya un exemplaire. J'en fus transporté d'enthousiasme et fis lire le livre à Bernanos, qui me le rapporta à mon couvent de Saint-Maximin le 2 février 1938. Par une bizarrerie de la mémoire, j'ai retenu cette date, car c'est la Chandeleur, fête que j'aime particulièrement, et que, ce jour-là, j'ai célébré la messe pour Bernanos en la crypte de sainte Marie-Madeleine. Il était accompagné de sa femme et d'une amie, Mme Auria Cornélius. Il passa la journée à Saint-Maximin et me dit à quel point il partageait mon admiration pour le petit livre de Gertrud von Lefort. Au fond, il ressentait la même angoisse que la romancière allemande, c'étaient deux génies profondément accordés l'un à l'autre. Cette impression demeura au fond de moi. Tout en resta là pour le moment.

Pendant la guerre, je participai avec Bresson et Giraudoux à la création du film *les Anges du Péché.* Le film eut un grand succès et on me sollicita pour un autre film. J'avais le sujet : c'était *la Dernière à l'échafaud* de Gertrud von Lefort. Plus que le sujet, j'avais aussi un producteur, Gaspard de Cugnac, qui avait fondé une société de production monégasque, la D.A.C. (Diffusion Artistique et Commerciale), qui avait aussi sous la main l'actrice idéale pour jouer le rôle de Blanche de la Force. C'était Paulette Elambert, laquelle avait joué quelques années plus tôt le rôle de la petite fille, dans *la Maternelle,* avec Madeleine Renaud.

Dès qu'on met le pied dans le domaine de la création artistique, particulièrement si l'on aborde un sujet religieux et de l'ordre du sacré, je ne connais pas un seul chef-d'œuvre qui se soit créé facilement. Si, d'une manière ou d'une autre, vous n'êtes pas capable de soulever les montagnes, il vaut mieux ne pas vous y aventurer. En formant le projet d'un film de *la Dernière à l'échafaud,* je ne me doutais pas que je devrais soulever toute la Cordillère des Andes. Mais le jeu en valait la chandelle. Au commencement il y avait donc un chef-d'œuvre, *la Dernière à l'échafaud.* Au terme il y aurait un autre chef-d'œuvre, le texte de Bernanos *Dialogues des Carmélites.*

Première difficulté : en 1943, la France était occupée par les Allemands. Or Gertrud von Lefort était allemande, elle était pour le moment inaccessible. De toutes manières, je ne m'imaginais pas traitant avec une Allemande, même antinazie, tant que mon pays était occupé. Il fallait attendre.

La guerre prit fin en 1945 par la défaite de l'Allemagne. Il fallait mettre la main sur Gertrud von Lefort. Profitant de sa double nationalité, allemande et suisse, elle s'était repliée à Zurich. A la fin de 1946, voyage à Zurich : Gaspard de Cugnac, Paulette Elambert et moi.

A partir de maintenant, pour donner à mon exposé la garantie incontestable de l'objectivité, je citerai les documents parlant de moi à la troisième personne sous la désignation de « le Père B. ».

7 décembre 1946. — Zurich, acte entre Gertrud von Lefort et la D.A.C. (Gaspard de Cugnac). Gertrud von Lefort cède donc à la D.A.C. le droit exclusif d'exploiter et d'adapter en toutes langues les versions de film d'après son ouvrage intitulé *la Dernière à l'échafaud.*

A l'article trois, il est précisé : « Le film devra être réalisé sous la direction du R.P. Bruckberger. »

10 janvier 1947. — Lettre de la D.A.C. adressée au Père B. l'engageant en qualité de « scénariste, d'adaptateur, de *dialo-*

guiste et de metteur en scène du film *la Dernière à l'échafaud* ». Autrement dit, le Père B. conformément à la volonté de Gertrud von Lefort a la charge de la réalisation du film de A jusqu'à Z.

Il est précisé aux articles 3 et 4 :

Article 3. — « Nous vous autorisons, après notre accord préalable, à vous faire *assister* tant pour le scénario, adaptation, *dialogues,* découpage artistique et technique que pour la mise en scène, *de toute personne qui vous conviendra.* »

Au terme de cette première étape, il est donc clair :

— qu'il s'agit d'un film à partir de l'œuvre de Gertrud von Lefort, *la Dernière à l'échafaud* ;

— que le film se fera sous la seule direction du Père B. ;

— comme un film est une œuvre collective et que d'évidence le Père B. veut se faire aider, à chacune des étapes, le Père B. aura la faculté de choisir « toute personne qui lui conviendra » pour *l'assister* dans la réalisation, dont il a la charge entière.

C'est d'ailleurs à ce titre d'assistant du Père B. que Philippe Agostini d'abord a été engagé dans la confection du scénario, et que Bernanos, plus tard, a été chargé des dialogues en vue du même film.

19 janvier 1947. — Premier contrat entre la D.A.C. et Philippe Agostini pour que celui-ci aide le Père B. dans la confection de l'adaptation cinématographique de *la Dernière à l'échafaud.*

15 octobre 1947. — Contrat entre la D.A.C. et Bernanos, choisi par le Père B. et chargé d'écrire les dialogues pour le même film, à partir de la continuité cinématographique écrite par le Père B. et Philippe Agostini. Il est à noter que pour travailler, Bernanos n'utilisera pas un autre document que cette continuité et que le Père B. remplira son rôle de maître d'œuvre en allant plusieurs fois en Tunisie voir Bernanos pour le stimuler, discuter avec lui et maintenir la bonne entente entre lui-même et le dialoguiste.

Aujourd'hui une grande partie de la correspondance de Bernanos a été publiée. Dans les mois qui précédèrent sa mort, survenue le 5 juillet 1948, il parle à plusieurs reprises du texte qui serait publié après sa mort sous le titre *Dialogues des Carmélites.* Il est évident que, pour lui, ce titre posthume ne correspond à rien, on ne le trouve jamais sous sa plume. Bernanos a seulement reçu commande d'écrire les dialogues d'un film du Père B. Il exécute cette commande, apparemment sans difficultés survenues que celles inhérentes à son propre travail et à sa santé.

Lettre 871, p. 731 de *Combat pour la Liberté,* publiée sous le titre « A une amie » :

« Hammamet, *29 novembre 1947*

« ... Avez-vous lu par hasard *la Dernière à l'échafaud* de Gertrud von Lefort. Le livre a dû paraître traduit chez Plon. C'est l'histoire des Carmélites de Compiègne. *Le P. Bruckberger en tire un film et m'a demandé d'en écrire les dialogues.* Je le fais avec beaucoup de soin et d'amour. »

Dans la lettre publiée sous le n° 874 et datée de Gabès, *23 décembre 1947,* Bernanos écrit à son ami Henry Jacques : *Je fais les dialogues d'un film de Bruck.* » Et à Christiane Manificat, le *11 février 1948,* dans la lettre numérotée 878, Bernanos écrit : « Si vous le permettez un jour, je vous dédierai les dialogues de *la Dernière à l'échafaud.* »

Pour ce texte, que Bernanos devait achever quelques semaines plus tard, et qui est considéré comme son testament spirituel puisqu'il devait mourir peu après, Bernanos n'a donc jamais renié sa filiation envers la nouvelle de Gertrud von Lefort et la destination de ce texte pour un film qui serait le film du Père B., il les a toujours affirmées clairement. Ces lettres n'ont-elles pas aussi valeur de testament ?

Ces lettres sont datées du *29 novembre 1947,* du *23 décembre 1947,* du *11 février 1948.* Ces dates ont de l'importance, car entre-temps est survenu un événement dont Bernanos n'a pas eu connaissance, parce que le Père B. n'a jamais voulu qu'il en ait connaissance.

Dans la première quinzaine de janvier 1948, le Père B. se

trouvait une fois de plus en Tunisie pour voir où en étaient les dialogues de Bernanos, pour le soutenir dans son travail, et pour remplir auprès de lui son rôle de maître d'œuvre du film en préparation.

Le *15 janvier 1948,* le Père B. a reçu un télégramme qui lui était adressé personnellement. Voici le texte de ce télégramme, enregistré à la poste sous le numéro 586-023 :

Dialogues proposés complètement anticinématographiques - Stop - Impossible trouver metteur en scène ou distributeur ou artistes pour les tourner - Stop - Vous prie annoncer auteur dialogues ma décision rompre contrat - Stop - Vu studio retenu ferme et capitaux engagés nécessité agir rapidement - Stop - Ai vu Pierre Véry ce matin - Stop - Est d'accord pour collaborer avec vous - Stop - Suis absolument décidé lui confier immédiatement nouvelle adaptation cinématographique - Stop - Attends votre accord télégraphique par retour adresse électrocéramique Golfe-Juan étant sans voiture serait absolument nécessaire veniez me voir mardi vingt Golfe-Juan - Stop - Amitiés Cugnac.

Le texte même du télégramme montre à l'évidence qu'il était adressé au Père B. et non à Bernanos. En revanche, le Père B. était prié de donner son congé à Bernanos comme dialoguiste. Que fit le Père B. ? Il cacha ce télégramme, mentit effrontément à Bernanos lui assurant que ses dialogues étaient merveilleux et emportaient l'enthousiasme de tout le monde, y compris du producteur. Le Père B. connaissait bien Bernanos qui doutait toujours de lui-même. En 1926, après avoir terminé son premier roman *Sous le Soleil de Satan,* il écrivait à son ami Robert Vallery-Radot : « Il est à vous ce livre. Je manquais tellement de courage et de confiance. *Un seul mot de vous m'eût fait tout lâcher.* » Vingt ans plus tard, c'était encore pire, l'angoisse l'étreignait. Un seul mot du Père B. l'eût fait tout lâcher.

Qu'arriva-t-il ? Le Père B. était bien décidé à garder les commandes de son film, même vis-à-vis du producteur, et il savait que Bernanos et ses dialogues étaient essentiels à son projet, que celui-ci en acquerrait le reflet du génie bernanosien. Le

Père B. donna rendez-vous à Gaspard de Cugnac, le producteur, non pas à Golfe-Juan, mais à Paris, où eut lieu un déjeuner au Fouquet's réunissant toutes les personnes intéressées au film et aux décisions capitales concernant le film. Ici doivent intervenir certains documents bien postérieurs dans le temps, mais qui éclairent de manière décisive cet épisode de l'élaboration du texte de Bernanos, *Dialogues des Carmélites.*

10 juillet 1960. — Lettre du Père B. à Pierre Véry :

« Cher Monsieur Véry, je pense que vous connaissez par la rumeur publique le procès intenté par la succession Bernanos au producteur du film *les Dialogues des Carmélites.* Ce procès doit se juger au fond le 24 septembre prochain.

« Vous êtes une des très rares personnes qui connaissent très bien les origines des *Dialogues des Carmélites* de Bernanos et qui savent que, sans moi, sans mon dévouement et ma fidélité à Bernanos, sans mon acharnement pour le maintenir dans le projet de film, il n'y aurait sûrement pas aujourd'hui de procès, car il n'y aurait pas de dialogues de Bernanos du tout. J'avoue que je suis bien mal récompensé et de cette fidélité, et de ce dévouement, et de cet acharnement.

« Quand le producteur a voulu vous confier les dialogues à la place de Bernanos, je me souviens vous avoir dit clairement que ma position ne pouvait être offensante pour vous, car ma position n'était absolument pas basée sur un refus que je vous opposais, mais sur une parole que j'avais antérieurement donnée à Bernanos, et que je ne pouvais vous donner à vous une parole que j'avais déjà donnée à quelqu'un d'autre. Vous l'avez d'ailleurs parfaitement compris, et je n'ai eu qu'à me louer de votre discrétion.

« Je me permets aujourd'hui de vous demander de témoigner sur ce qui s'est passé. Une lettre de vous, écrite directement à mon avocat (Me Rosenfeld, 51, avenue Raymond-Poincaré à Paris) suffirait.

« Vous savez que l'élimination de Bernanos était une affaire décidée, qu'à ce moment les dialogues de Bernanos étaient à peine commencés, que si Bernanos n'a pas été éliminé et si les dialogues ont été achevés, c'est uniquement à cause de mon insistance à garder Bernanos comme dialoguiste de mon film.

« Quelques jours plus tard, vous assistiez avec Gaspard de Cugnac, Marcel Roux, Georges Lampin et moi-même à ce déjeuner au Fouquet's, où Lampin s'est démis de la mise en scène parce que je ne voulais pas renoncer à Bernanos. J'étais seul à soutenir Bernanos et ses dialogues en face du producteur. Finalement Gaspard de Cugnac, moins à cause des contrats que par amitié pour moi, a accepté mon point de vue. Nous n'avons jamais rien dit à Bernanos de cet incident, et il a pu continuer ses dialogues en paix.

« J'ai l'honneur donc de vous demander votre témoignage sur toute cette affaire. Je vous demande cela moins comme un service personnel, qu'en hommage à la mémoire de Bernanos et parce qu'il est toujours bon de soutenir quelqu'un qui, ayant donné sa parole à un écrivain, a tenu cette parole jusqu'au bout. Il se trouve qu'aujourd'hui la succession Bernanos voudrait me punir de ma fidélité à Georges Bernanos. Vous, vous savez jusqu'où est allée cette fidélité.

« Je vous prie de croire, Monsieur, à mes sentiments les meilleurs. »

20 juillet 1960. — Lettre de Pierre Véry au Père Bruckberger :

« Mon Révérend Père. Avec un léger retard, causé par une absence de Paris, j'adresse ce jour à Me Rosenfeld mon témoignage ainsi que vous le souhaitez sur les origines des *Dialogues des Carmélites* et notre rencontre au Fouquet's. J'ai oublié (il y a de cela si longtemps !) bien des phrases de notre entretien (il ne dura pas moins de sept heures... !), mais je n'ai pas oublié tout le plaisir que j'en ai tiré, qui fut fort vif.

« Je pense que mon témoignagne vous apportera pleine satisfaction.

« Je vous prie de croire, mon Révérend Père, à l'assurance de mes sentiments les meilleurs. »

20 juillet 1960. — Lettre de Pierre Véry à Me Rosenfeld :

« Mon cher Maître. Comme suite au pneumatique ci-joint,

par lequel le R.P. Bruckberger me demande mon témoignage concernant les origines du film *les Dialogues des Carmélites,* pour lequel je fus pressenti par MM. Gaspard de Cugnac et Marcel Roux, en vue d'établir *une adaptation dialoguée* du roman *la Dernière à l'échafaud,* M. Lampin devant assurer la mise en scène, je vous adresse le témoignage suivant :

« Ces faits étant fort lointains — douze années — je ne puis prétendre me rappeler les différentes phases de la conversation que j'eus au Fouquet's, ainsi que M. Lampin, avec le R.P. Bruckberger devant les producteurs. Conversation fort agréable d'ailleurs.

« Je ne me rappelle même pas si j'ai eu connaissance des fragments des dialogues de Georges Bernanos, alors en cours d'écriture, la chose toutefois est possible. Et je pense inutile que je précise ici que je n'ai jamais éprouvé, pour le talent et la mémoire de Bernanos, immense écrivain, autre chose que la plus profonde admiration et le plus grand respect.

« Mais je me rappelle parfaitement que le point de vue contre lequel s'est élevé le Père Bruckberger était, effectivement, que les dialogues de Bernanos — si talentueux fussent-ils — étaient peu cinématographiques — ou ne l'étaient pas du tout.

« Et il est bien certain, et hors de toute contestation possible, que si les dialogues du film sont de Bernanos (et non de moi ou de tout autre auteur), cela fut dû à l'intervention du R.P. Bruckberger.

« De sorte que, bien que n'ayant ni lu les *Dialogues des Carmélites* ni vu encore le film, il m'apparaît que la famille de Bernanos n'est nullement fondée à reprocher certaines coupures (si je suis bien informé) dans le texte de Bernanos. Car ainsi que me le dit le R.P. Bruckberger dans son pneumatique, « il n'y aurait sûrement pas aujourd'hui de procès, car il n'y aurait pas de dialogues de Bernanos du tout ! » (Et ce serait dommage en tout état de cause.)

« Telle est au fond la stricte vérité, et je vous adresse bien volontiers ce témoignage, pour être utilisé selon que vous le jugerez bon.

« Recevez, je vous prie, mon cher Maître, l'expression de mes sentiments très distingués. »

Il était nécessaire de mettre au net la véritable attitude du Père B. à l'égard de Bernanos et de ses dialogues après ce télégramme foudroyant du 15 janvier 1948, adressé au Père B. et dont Bernanos n'eut jamais le moindre soupçon qu'il ait pu exister. Par ce télégramme, le producteur prétendait mettre un terme à la mission de dialoguiste de Bernanos. A ce moment Bernanos était bien loin d'avoir achevé sa tâche : c'est le Père B. et le Père B. seul — et par quelle bataille acharnée —, qui lui a permis d'achever cette tâche.

Il paraît légitime de conclure que par deux décisions personnelles, le Père B. est lié inextricablement à l'origine du texte de Bernanos publié plus tard sous le titre de *Dialogues des Carmélites,* que Bernanos ne considéra jamais, et pour cause, que comme un dialogue d'un film du Père B. sur un roman de Gertrud von Lefort, *la Dernière à l'échafaud.*

1°) Le Père B. qui était à l'origine, par la volonté de Mme von Lefort et par contrat avec le producteur, « dialoguiste » dudit film, décida de se faire « assister » par Bernanos, en vertu de ce contrat qui liait le Père B. au producteur : « Nous vous autorisons, après notre accord préalable, à vous faire assister tant pour le scénario, adaptation, dialogues... de toute personne qui vous conviendra. » Le choix du Père B. se porta sur Bernanos. Non que le Père B. n'ait pas reconnu l'originalité du génie de Bernanos, c'est à cause de ce génie et de son accord profond avec les thèmes essentiels du film qu'il projetait, qu'il a choisi Bernanos. Mais enfin il reste que le Père B., et lui seul, a choisi Bernanos comme dialoguiste de son film.

2°) Une seconde fois, en janvier 1948, quand le producteur décida d'expulser Bernanos du film, le Père B., et lui seul, eut le courage, la force et l'autorité, de maintenir Bernanos comme dialoguiste du film et lui permit d'achever ses dialogues en paix.

S'il est tellement nécessaire d'insister sur ce point, c'est que, dans la suite, au cours des innombrables procès qui opposèrent et opposent encore la succession Bernanos au Père B., les avocats de la succession B. utiliseront et utilisent encore ce télégramme du producteur au Père B. daté du 15 janvier 1948 comme si le Père B. avait pu une seconde être complice de la décision du producteur à l'encontre des dialogues de Bernanos alors qu'il n'a cessé de la combattre jusqu'à la renverser. Cette utilisation constante d'un télégramme contre le Père B. est un tel contresens que ce serait difficile à croire, si le déroulement de la procédure n'en témoignait constamment et de la façon la plus claire.

Avant la mort de Bernanos, le Père B. avait fait le projet de tirer un film du roman de Bernanos, *le Journal d'un curé de campagne.* La première esquisse de ce projet soumise à Bernanos ne lui plut pas du tout et il la rejeta. Bernanos avait sûrement raison, cette esquisse était mauvaise. Le Père B. accepta ce refus et cela ne fut jamais occasion de conflit entre Bernanos et lui.

En quelques mois, le Père Bruckberger dut quitter la France pour l'Afrique, puis pour l'Amérique, Bernanos mourut, le producteur Gaspard de Cugnac mourut : ces événements compromirent la réalisation immédiate du film.

Mais le texte de Bernanos existait. Il allait commencer une carrière des plus étranges.

4 février 1949. — Signature entre les éditions du Seuil à Paris et la succession Bernanos d'un acte de cession de droits sur un texte de Bernanos « provisoirement » intitulé *Dialogues des Carmélites.*

Première étrangeté : ce texte est qualifié d'*œuvre* de Bernanos sans la moindre allusion à l'historique de ce texte, sans la moindre mention du nom de Gertrud von Lefort, du nom du Père B. et à plus forte raison du nom d'Agostini.

Deuxième étrangeté ; si tous les ayants droit de feu Bernanos sont mentionnés, ils sont représentés par deux personnages qu'on voit paraître pour la toute première fois dans cette histoire, l'abbé Daniel Pézeril et Albert Béguin. Ni l'un ni l'autre n'avaient eu la moindre part dans l'élaboration du texte de Bernanos et s'ils n'étaient jamais nés, ce texte n'en existerait pas moins et tel qu'il est. Ce texte ne leur doit absolument rien. Il serait impossible de dire qu'il ne doit rien ni à Gertrud von Lefort ni au Père B. et qu'il existerait si l'un et l'autre n'étaient jamais nés.

Troisième étrangeté : Albert Béguin qui représente et engage la succession Bernanos est domicilié au 27, rue Jacob, qui est le siège même de l'éditeur. Dans ce contrat, Albert Béguin est d'un côté et de l'autre de la barricade.

Quatrième étrangeté : ces deux personnages, Pézeril et Béguin, ont-ils été choisis par Bernanos lui-même ? Pas le moins du monde. Bernanos est mort sans testament. Tout le monde sait que les éditions du Seuil publient la revue *Esprit,* que Bernanos méprisait cette revue et qu'il avait écrit de ses collaborateurs : « les affreux petits cancres savants d'*Esprit* ». Il est quand même difficile de soutenir que l'esprit de Bernanos est en mains sûres avec de tels représentants.

N'importe ! Dans ce contrat entre la succession Bernanos et les éditions du Seuil, tous les ayants droit de Bernanos sont effectivement énumérés, mais ces deux seuls personnages les engagent, Daniel Pézeril et Albert Béguin. Il est encore plus étrange que tout le reste, que, dans la suite interminable de controverses qui allaient entourer la carrière de *Dialogues des Carmélites,* jamais, jamais, l'un ou l'autre des membres de la succession Bernanos n'ait songé à se retourner contre Daniel Pézeril et Albert Béguin pour leur demander compte de la situation fausse où, par ce contrat, ils ont situé au départ le texte de Bernanos qu'ils ont publié sous le titre de *Dialogues des Carmélites.* Il n'en reste pas moins que par la faute de ces deux singuliers personnages, après la mort de Bernanos, le premier contrat au sujet des dialogues écrits par Bernanos, écrits par lui « pour un film de Bruck » selon ses propres expressions, et d'après la nouvelle de Gertrud von Lefort *la Dernière à l'échafaud,* ce contrat était entaché de graves irrégularités qui pèseront d'un poids très lourd sur les péripéties ultérieures.

Le choix même d'un nouveau titre n'était pas innocent. Il s'agissait de faire croire que cette œuvre était exclusivement bernanosienne, qu'elle ne devait rien à personne, qu'elle était née du seul choix et de la seule volonté et du seul génie de Bernanos.

Décembre 1951. — Le Père B. était loin, en Amérique dans le Minnesota. Il était question de monter au théâtre les dialogues de Bernanos. La situation créée par le premier contrat signé par Daniel Pézeril et Albert Béguin devenait dangereuse, car à tout moment le Père B. pouvait intervenir pour faire respecter ses droits qui avaient été bafoués. Il devenait urgent de régulariser la situation avec lui. Comme Albert Béguin savait à l'avance qu'il n'obtiendrait rien du Père B., on agit par le truchement d'un ami commun, M. Manificat. En décembre 1951, un arbitrage est intervenu sous la médiation de Julien Green, choisi d'un commun accord, entre la succession Bernanos et le Père B. Cet arbitrage a fixé comme suit les droits respectifs des deux parties : « Les droits pour la création du film appartiendront exclusivement au Père B. Ceux concernant le livre, la radio, le théâtre reviendront exclusivement aux héritiers Bernanos. »

Julien Green est un écrivain français qui connaît l'usage des mots et les emploie judicieusement. Quand il parle des droits sur « le livre », il ne s'agit évidemment pas de l'édition d'un seul exemplaire. De même quand il parle de la « création du film », il ne peut s'agir davantage d'un seul et unique film, mais de tout film, de quelque nature qu'il soit, créé par n'importe qui en n'importe quelles circonstances, des droits sur la création de tout film issu du texte de Bernanos *Dialogues des Carmélites.* De même « les droits sur le théâtre » ne peuvent signifier le droit sur une seule représentation et une seule fois, mais de toute représentation et adaptation théâtrale, en tout temps, en toutes langues, en tous pays, et autant de fois qu'il se pourra. C'est la condition normale de toute œuvre.

Le destin des chefs-d'œuvre est heureusement indépendant des intrigues subalternes qui les parasitent : les poux n'arrivent pas à dévorer le lion. Les dialogues que Bernanos avait écrits « avec beaucoup de soin et d'amour » furent adaptés au théâtre. Ce fut une révélation et un immense succès public. En 1958, le Père B. signa à ce sujet un contrat avec Champs-Élysées Productions et un film fut réalisé, sous sa direction, et parut sur les écrans en 1960. Le premier film parut sous le titre *le Dialogue des Carmélites.*

Des trois piliers qui avaient soutenu l'édification de l'édifice, l'un était mort, Bernanos, le Père B. avait réussi la réalisation d'une œuvre qui lui avait coûté tant de peine. Mais le troisième pilier, Gertrud von Lefort, vivait encore. Béguin était mort lui aussi. L'abbé Pézeril condamna hautement le film avec toute son autorité d'ami posthume de Bernanos. Mais si Bernanos n'était malheureusement plus là pour juger du film, Gertrud von Lefort le vit et l'aima. Le 21 juillet 1960, une projection fut organisée pour elle et ses amis à Munich. Voici les témoignages de Gertrud von Lefort :

22 juillet 1960 (fête de sainte Marie-Madeleine). — Télégramme de Gertrud von Lefort au Père B. :

« Muenchen Telex 379 38 22 1800 : *C'est avec gratitude que nous pensons à vous après des heureuses heures que vous nous avez données par votre film avec nos meilleurs amitiés. Gertrud von Lefort.* »

Dans les documents qui suivent, l'orthographe maladroite en français de Gertrud von Lefort est scrupuleusement respectée :

8 juillet (donc avant la représentation à Munich et avant le télégramme précédent) : « Mon Révérend Père. Recevez l'expression de ma très grande reconnaissance pour votre aimable lettre et ses nouvelles très heureuses ! Quelle joie pour moi d'entendre que ce film, attendu depuis si longtemps, est enfin fini, et représenté avec un si grand succès ! Je suis vraiment heureuse, mon Père ! Recevez les félicitations de tout mon cœur ! Vous avez vraiment mérité ce grand succès par

Votre patience et par Votre l'art ! Je regrette beaucoup que ma santé ne m'a pas permi d'assister la première à Paris, mais j'ai vue les photos de la représentation. Ils sont très beaux !

« Le 21.7, nous avions la première à Munique, et je serais la joie d'être là !...

« Quelle joie de vous revoire ! J'ai le grand désir de vous dire ma reconnaissance et celle de ma petite Blanche pour votre grand œuvre. Veuillez agréer, mon Père, mes sentiments respectueux. Gertrud v. Lefort. »

Enfin le 7-8-60. — « Mon Révérend Père. Avec grande joie, je pense à votre film si grand et si profond ! Tous mes amis en Allemagne sont enchantés ! »

Pour conclure, je reprends le pronom personnel. Au mois de mai 1986, le seul fils survivant de Bernanos, Jean-Loup, a publié un livre qui se veut une biographie de son père. Le livre est intéressant par quelques documents qu'il apporte et en particulier par des textes de Bernanos lui-même. A part cela, le livre relève moins de l'histoire que de la légende qu'il faut établir. Dans la famille Bernanos, tout le monde, il est beau, tout le monde, il est gentil. A-t-il jamais existé une pareille famille au monde et Bernanos apprécierait-il cette fable, lui qui aimait tant la vérité toute nue ?

J'ai essayé de marquer les étapes de la genèse des *Dialogues des Carmélites* de Bernanos, en m'en tenant aux documents. Faisant cela, je rends aux morts ce qui leur est dû. A Mme Gertrud von Lefort d'abord qui est à l'origine de tout. A Bernanos ensuite qui avait, si vif, le sens de l'honneur, et qui savait, qui a toute sa vie montré à quel point l'honneur se confond avec la fidélité. Cela faisant, je ne porte nulle atteinte à son génie propre : ce n'est pas à Bernanos qu'il fallait apprendre qu'il n'y a pas d'originalité au monde sans connaissance et reconnaissance des origines. D'ailleurs jamais Bernanos n'a cessé d'affirmer au sujet de ses dialogues sa filiation par rapport à *la Dernière à l'échafaud* et leur destination pour mon film.

Voici comment son fils, Jean-Loup, dans le livre qu'il vient de publier sur son père, résume lui-même la genèse de *Dialogues des Carmélites* (p. 442) : « Nous savons que Bernanos depuis 1940 a sacrifié son œuvre romanesque au profit des *Écrits de combat,* dont l'utilité lui semblait plus pressante. Les événements d'après-guerre le confortant dans cette hypothèse, sans doute n'aurait-il jamais plus écrit d'œuvre de fiction, si le Révérend Père Bruckberger, en ce mois d'octobre 1947, n'était venu à Hammamet lui faire cette offre et le convaincre d'accepter. Il est donc juste de dire que Bruck fut alors, *à son insu,* l'instrument de la divine Providence. » C'est Jean-Loup B. qui souligne *à son insu.* J'admire les gens qui sont ainsi dans les petits papiers de la divine Providence et qui pénètrent si aisément dans le secret des cœurs et de l'inconscient des autres.

Plus loin (p. 450), Jean-Loup B. est plus explicite au sujet des dialogues : « *Refusés par le Père Bruckberger* comme impropres au cinéma, les *Dialogues* furent publiés au Seuil, où ils firent l'unanimité de la critique. Mis en scène par Albert Béguin et Marcelle Tassencourt, ils tinrent l'affiche pendant plusieurs années au Théâtre Hébertot, avant d'entrer au répertoire de la Comédie-Française. En 1957, Francis Poulenc en fit un opéra qui ne cesse d'être joué dans le monde entier. Ce n'est qu'en 1960 que le Père Bruckberger, *revenant sur sa décision,* les porta à l'écran dans les conditions que l'on sait. Enfin, en 1984, Pierre Cardinal, qui déjà réalisa *Sous le Soleil de Satan,* en fit une remarquable adaptation pour le petit écran. » Cette fois-ci, c'est moi qui souligne les mots qui me concernent. Jean-Loup B. ne produit aucun document signé de moi, jugeant impropres au cinéma les dialogues de Bernanos, pour la bonne raison qu'un tel document n'a jamais existé. C'est tout le contraire de ce qu'affirme Jean-Loup B. qui s'est produit.

Ce qui me frappe, dans cette courte description que Jean-Loup B. fait de la carrière des dialogues de Bernanos, c'est que le nom de Gertrud von Lefort n'est même pas prononcé et que mon nom n'est mentionné que pour affirmer que j'ai *refusé* ces dialogues, *revenant sur ma décision en 1960.* Bien entendu, l'arbitrage de Julien Green de 1952 n'est même pas évoqué. Ce n'est pas de bonne méthode historique que d'accumuler les omissions documentaires et, quant aux documents qu'on détient, de les interpréter systématiquement au contraire de leur sens obvie.

Chexbres, 25 juillet 1986.

ANNEXE 2

Une lettre inédite de Georges Bernanos

Mes archives personnelles ont subi le contrecoup de mes nombreux déménagements, et je ne retrouve pas facilement au moment opportun tous les documents nécessaires. Je viens de redécouvrir par hasard, dans un tout autre dossier, une lettre manuscrite de Bernanos, à moi adressée, le 10 avril 1938 (dimanche des Rameaux), juste avant la publication des Grands Cimetières sous la lune. *A ce moment-là, Bernanos avait confié son fils Michel à un curé de l'Yonne qui tenait pension pour adolescents en difficulté d'études. Je dus aller après Pâques rechercher Michel en catastrophe. L'expérience éducative avait très mal tourné, absolument pas par la faute de Michel. Au moment où cette lettre fut écrite, je prêchais le Carême à l'église Saint-Géraud d'Aurillac.*

Dimanche.

Mon vieux (permettez-moi de vous appeler ainsi, j'ai été élevé dans l'horreur de l'emploi du prénom entre hommes, et je me réserve de ne rappeler votre paternité que dans des circonstances favorables), n'oubliez pas que saint Jean s'est nourri de sauterelles dans le désert. En plein carême, il me paraît convenable de les préférer aux lapins. Mais lapins et sauterelles, transformés et glorifiés, sauteront joyeusement autour de vous, un soir dans les jardins du Paradis, et nous rirons bien ensemble, vous et moi.

Et puis — pardonnez-moi — pourquoi vous exténuer à crier « Au feu ! » à ces petites bêtes ? Ce sont des types comme moi qui seraient tentés d'abuser de la bonté de Dieu, ou du moins de l'idée que nous nous en formons. Je ne crois pas que ce réflexe soit celui des bonnes gens. Bref, je crois que la peur de l'enfer, ingénieusement exploitée par le diable, a perdu infiniment plus d'âmes que la confiance même présomptueuse, insolente. Oh ! bien sûr, humainement parlant, un colonel qui aurait la réputation d'être aussi miséricordieux que le bon Dieu n'aurait plus qu'à rendre ses galons. Mais qu'est-ce que cela fait, je vous le demande ?

Je comprends aussi ce que les événements ont d'accablant. Qu'importe ! Le monde ne doit-il pas finir ainsi ? La Chrétienté n'attendait-elle pas, depuis des siècles, l'avènement des demi-dieux ? Ils sont venus. L'Autriche est tombée la première — On ne nous aura pas... on ne nous aura pas vivants !

Ne faites pas la sottise de rembourser l'abbé V. J'attendrai pour le faire qu'il ait pris la peine de m'écrire. *Rien* ne peut *encore* justifier à mes yeux le ton de la lettre qu'il vous a adressée, ni la précaution qu'il a prise de lire les lettres de Michel. Je tiens, jusqu'à plus ample informé, ce curé pour un pas-grand-chose. On ne peut *absolument pas* s'en tenir là, étant donné les précisions de Michel.

Mon livre doit paraître le 26. Je crois que vous serez content de la conclusion.

Votre vieil ami, Bernanos.

Attendre, et faire face !

Il existe une autre lettre de Bernanos, postérieure à celle-là adressée au Provincial de la province dominicaine de Toulouse. Cette lettre existe dans les archives de la province de Toulouse. Elle est particulièrement importante parce que Bernanos y définit sa vocation chrétienne par rapport à son métier d'écrivain : « J'ai sacrifié mon métier à ma vocation. » Jean-Loup Bernanos avait le texte de cette lettre et ne pouvait douter de son authenticité, certifiée par Mlle Christiane Manificat qui l'avait recopiée avant de la faire suivre à son destinataire. Il est absolument incompréhensible que cette lettre n'ait pas été publiée. Ou plutôt, j'ai peur de trop bien comprendre, car dans cette lettre il est question de moi, et l'impératif catégorique de Jean-Loup Bernanos est de tout faire comme si je n'avais jamais compté dans la vie de son père. C'est une gageure difficile à tenir. Mais chacun agit selon ses moyens et à sa propre mesure.

Table

DU MÊME AUTEUR

REJOINDRE DIEU (1940), Gallimard.
LIGNE DE FAÎTE (1942), Gallimard.
LA VALEUR HUMAINE DU SAINT (1943), Cahiers du Rhône.
LES COSAQUES ET LE SAINT-ESPRIT (1950), Amyot-Dumont.
L'AMÉRIQUE DES PYRAMIDES (1951).
MARIE-MADELEINE (1952), La Jeune Parque.
LA RÉPUBLIQUE AMÉRICAINE (1958), Gallimard.
L'HISTOIRE DE JÉSUS-CHRIST (1965), Grasset et Livre de Poche.
SORTILÈGES MEXICAINS (1966).
SI GRANDE PEINE (Chronique de 1940 à 1948), Grasset.
LE MONDE RENVERSÉ (1971), Le Cerf.
SAINT FRANÇOIS ET LE LOUP (1972), conte de Noël, Rouge et Or.
DIEU ET LA POLITIQUE (1972), Plon.
LE CHAT BOTTÉ ET LE MANTEAU DE L'ÉVÊQUE (1973), Plon.
LETTRE OUVERTE À JÉSUS-CHRIST (1973), Albin Michel et Livre de Poche.
L'ÂNE ET LE BŒUF (1976), Plon (chroniques).
L'ÉVANGILE (1976), Albin Michel (Prix Chateaubriand). Traduction de R.-L. Bruckberger et Simonne Fabien. Commentaire de R.-L. Bruckberger.
TOUTE L'ÉGLISE EN CLAMEURS (1977), Flammarion.
TU FINIRAS SUR L'ÉCHAFAUD, mémoires (1978), Flammarion.
LE BACHAGA (1979), Flammarion.
LETTRE À JEAN-PAUL II, PAPE DE L'AN 2000, Stock.
CE QUE JE CROIS (1982), Grasset.
LE CAPITALISME, MAIS C'EST LA VIE (1983), Plon.
LA RÉVÉLATION DE JÉSUS-CHRIST (1984), Grasset.
LETTRE OUVERTE À CEUX QUI ONT MAL À LA FRANCE (1985), Albin Michel.

Au théâtre :
Coauteur avec Gertrud von Lefort et Ph. Agostini du texte de Georges Bernanos, DIALOGUES DES CARMÉLITES.

Au cinéma :
LES ANGES DU PÉCHÉ (1943), avec Robert Bresson et Jean Giraudoux.
LE DIALOGUE DES CARMÉLITES (1960), un film de R.-L. Bruckberger et de Ph. Agostini.
TU MOISSONNERAS LA TEMPÊTE (1967), un film de R.-L. Bruckberger.

Fondateur et directeur de la Revue littéraire *Le Cheval de Troie* (1947-1948).

La composition
et l'impression de ce livre ont été effectuées
par Aubin Imprimeur à Ligugé
pour les Éditions Albin Michel

AM

Achevé d'imprimer en août 1988.
N° d'édition 10272. N° d'impression L 27325.
Dépôt légal, septembre 1988.

Imprimé en France